CV

Christian Müller
Henry P. Rickmers

AUF HELGOLAND IST ALLES ANDERS

Die wechselvolle Geschichte einer europäischen Insel

CONVENT VERLAG

Sonderausgabe 2002

Schutzumschlaggestaltung: Peter Albers
Titelfoto: Matthias Friedel
Satz und Lithografie: KCS GmbH, Buchholz
Druck und Bindung: Westermann Druck Zwickau GmbH,
Zwickau
ISBN 3-934613-45-4

Inhalt

Die wechselvolle Geschichte einer europäischen Insel

In der Zeit von 1639 bis 1652 hat der Husumer Kartograph Johannes Mejer Karten der Insel Helgoland angefertigt. Diese zeigt einen Vergleich des Zustandes in den Jahren 800 und 1300 zu 1649.

Ehemals ein großes Land

Irgendwo ins grüne Meer
Hat ein Gott mit leichtem Pinsel,
Lächelnd, wie von ungefähr,
Einen Fleck getupft: Die Insel.

Wenn es doch nur so einfach wäre wie in diesem ersten von 612 Vierzeilern, in denen der Helgoländer Autor James Krüss mit aller dichterischen Freiheit die »Historie von der schönen Insel Helgoland« erzählt.

Namhafte Vor- und Frühgeschichtler sind sich vielmehr einig, daß Helgoland nicht immer Insel, sondern ein kleines Bergland mitten im nordeuropäischen Flachland war. Die Küstenlinie verlief etwa von Schottland kommend über die Doggerbank nach Skagen. Die Nordsee war also kleiner, als wir sie heute kennen. Dann folgte mit der Litorina-Zeit eine Periode der Landsenkung, die Nordsee erhielt mit dem englischen Kanal einen zweiten Zufluß vom Atlantischen Ozean, und ganz allmählich entstand das Bild, wie wir es von heutigen Karten her kennen. Helgoland war zunächst noch als Halbinsel mit dem Festland verbunden, später überspülte die Nordsee auch diese Landzunge, und nun war Helgoland eine Insel. Vor etwa zehntausend Jahren wurde Helgoland besiedelt und blieb es, auch als die feste Landverbindung immer mehr überflutete.

Aus dieser Zeit ist wenig Konkretes über die Geschichte der Insel bekannt. Wir wissen allerdings, daß Helgoland neben dem roten Felsen auch noch aus der »Witten Klyppe«, einem weißen Muschelkalkfelsen, an den sich südostwärts ein Dünengelände anschloß, bestand. Seit 1720 sind jedoch Insel und Düne endgültig getrennt, die »Witte Klyppe« ist verschwunden.

Helgoland im Jahre 1649.
Karte von
Johannes Mejer.

Wechselnde Inselherren – mal deutsch, mal dänisch

Anno 692 soll Radbod, König der Friesen, auf Helgoland Zuflucht gesucht haben, knapp 100 Jahre später soll der heilige Ludgerus die heidnischen Bewohner zum Christentum bekehrt haben. Aus »Fositesland« wurde »Heiligeland«.

Um 1400 und in den folgenden Jahren ärgerten die Seeräuber mit ihren Kaperungen die Hamburger Kaufleute. Die Geschichten von Störtebeker und Goedeke Michels sind mittlerweile Legende. Die Hamburger okkupierten also die Insel, ebenso die Stader und die Dithmarscher, die alle von Helgoland aus ihren Schiffsverkehr

Sturmläuten auf Helgoland. Gemälde von Rudolf Jordan, 1839.

an der Küste wie in der Elb- und Wesermündung zu überwachen suchten.

1544 geriet Helgoland in den Schleswig-Gottorpschen Herrschaftsbereich. Da Leibeigenschaft die vorherrschende Besitzform war, versuchte Herzog Adolph 1565 die »Insul Helgeland« an die Kirche zu verkaufen, jedoch ohne Erfolg.

1684 erschienen dann die Dänen vor Helgoland und verlangten die kampflose Übergabe. Diese erste dänische Zeit dauerte nur fünf Jahre, dann waren die Schleswig-Gottorper wieder dran. Als sich Dänemark im »Nordischen Krieg« auch die Besitztümer des Gottorper Herzogs aneignete, gehörte Helgoland dazu. 1714 wurde die Insel wieder dänisch.

Die Dänen waren nicht zimperlich bei der Durchsetzung ihrer Vorstellungen. Siebzehn Schiffe wurden beschlagnahmt und später in Glückstadt öffentlich versteigert. Die Helgoländer konnten keine Lotsendienste mehr anbieten, darunter litten neben den Helgoländern selbst vor allem die Engländer, deren einträglicher Elbhandel nun gefährdet war.

Nach und nach reduzierten allerdings die Dänen ihre militärische Präsenz auf Helgoland, zum Schluß teilten sich eine Handvoll dänischer Invaliden zur Wache am Treppentor eine Uniform. »Deät paßt äs en deänsk Uniform« ist noch heute ein geflügeltes Inselwort.

Auf dem Festland hatte inzwischen Napoleon Bonaparte an Macht und Einfluß gewonnen. Bei fast allen Schlachten blieb der Korse siegreich, nur die Seeherrschaft gegen England konnte er nach der Schlacht von Trafalgar 1805 nicht mehr erringen.

Nun wandte Napoleon gegen die Briten eine andere Taktik an. Er setzte auf wirtschaftliche Abschottung und erließ 1806 in Berlin ein entsprechendes Blockadedekret – die Kontinentalsperre. Der Handels- und Kolonialmacht England war der Zugang zum Kontinent versperrt.

Helgoland wird britisch

Die Dänen hatten mit dem französischen Kaiser paktiert, und so bemächtigte sich die Seemacht England 1807 der dänischen Flotte, und am 30. August forderte der britische Commander Falkland auch den dänischen Kommandanten Helgolands zur Übergabe auf. Dieser verweigerte erst einmal, mußte sich dann aber der militärischen Übermacht beugen, und so wurde Helgoland am 5. September 1807 britisch.

400 Mann Besatzungsmacht, neue Gesetze, eine andere Sprache und eine fremde Kultur machten zunächst den Helgoländern das Leben schwer. Aber schon 1808 lernten sie die Vorteile ihrer einmaligen Lage wieder schätzen. Englische Handelshäuser machten die Insel zu einem gigantischen Warenlager und unterliefen mit Hilfe

Das Conversationshaus auf Helgoland, 1843. Zeichnung von C. Beer.

der Helgoländer Schiffer die Blockade der Küstenhäfen und -inseln. Unter dem Schutz britischer Kanonen wurde Helgoland zu einem gewaltigen Umschlagplatz für Waren aller Art. Die Depots sprengten jeden Rahmen, es wurde Geld in unglaublichen Dimensionen verdient, und der große Napoleon hatte nicht genügend Truppen, um dem Einhalt zu gebieten. Täglich sollen 300 bis 400 Schiffe Helgoland angelaufen haben.

»Doch mit des Geschickes Mächten ist kein ew'ger Bund zu flechten«: Napoleon wurde 1812 in Rußland geschlagen, und im März 1813 befreite Tettenborn Hamburg von der Franzosenherrschaft. Der britische Handel konnte jetzt seine Waren ohne das Zwischenlager Helgoland ans Festland bringen. Als 1814 mit dem »Kieler Frieden« der Krieg zwischen Dänemark und England beendet wurde, verblieb Helgoland aber im Besitz der britischen Krone.

Allerdings wurde die militärische Inselbesatzung abgezogen und die Befestigungen beseitigt. Für die Helgoländer waren das drastische Einschnitte in ihre Erwerbsquellen. Keine Einnahmen durch Lagerhaltung und Schmuggel mehr, keine Einnahmen durch die englische Besatzung, und nun fiel auch die Monopolstellung der Insellotsen weg, weil es jetzt bessere See- und Stromkarten gab, die die Schiffahrt von den Helgoländern unabhängig machte.

Nichts als Meer und Himmel – Helgoland wird Seebad

Rettung brachte die Vision des Helgoländer Schiffszimmermannes und Ratsherrn Jacob Andresen Siemens: Der stieß mit seiner Idee, die Insel zu einem Seebad zu machen, zunächst auf Widerstand, ließ sich aber nicht beirren, den Vorbildern von Heiligendamm, Travemünde, Cuxhaven und Wyk auf Föhr zu folgen. 1826 standen die ersten Badekarren auf dem Unterland und der Düne, und die einheimischen Fischer hatten sich das Ausbooten der eintreffenden Gäste als Privileg gesichert. Ab 1834 verkehrten regelmäßig die Hamburger Raddampfer »Patriot« und »Elbe«. Sie brachten 1838

Das neue Konversationshaus mit dem Denkmal Hoffmanns von Fallersleben, 1892. Zeichnung von R. Püttner.

bereits mehr als tausend Dauergäste. Seit 1830 hatte Helgoland auch eine Spielbank.

August Heinrich Hoffmann von Fallersleben floh – seiner liberalen Gesinnung wegen – auf die englische Insel und schrieb im August 1841 dort den Text des Deutschlandliedes. Über seine Stimmung berichtete er selbst:

Hoffmann von Fallersleben.

»Am 23. August kehrten die meisten Hannoveraner heim. Das Wetter war schön, schöner noch die Erinnerung an diese lieben Leute aus dem Lande Hadeln in ihrem schlichten, treuherzigen Wesen, die mir so herzliche Teilnahme bewiesen hatten. Den ersten Augenblick schien mir Helgoland wie ausgestorben, ich fühlte mich sehr verwaist. Und doch tat mir bald die Einsamkeit recht wohl: Ich freute mich, daß ich nach den unruhigen Tagen wieder einmal mir gehören durfte. Wenn ich dann so einsam auf der Klippe wandelte, nichts als Meer und Himmel um mich sah, da wurde mir so eigen zu Mute, ich mußte dichten, und wenn ich es auch nicht gewollt hätte. So entstand am 26. August das Lied ›Deutschland, Deutschland über Alles‹.«

Sein Hamburger Verleger Campe kaufte ihm den Text für vier Louisdor ab und setzte ihn mit der Haydnschen Melodie in Noten. Noch heute singen wir »Einigkeit und Recht und Freiheit für das deutsche Vaterland«, von Hoffmann von Fallersleben einst als dritte Strophe seines Liedes auf Helgoland geschrieben.

Kaiser Wilhelm II. holt die Insel »heim ins Reich«

Das Seebad Helgoland nahm einen ungeahnten Aufschwung, der auch durch den Aufbau einer preußischen Marine nicht beeinträchtigt wurde. Am 9. Mai 1864 konnten die Helgoländer von der Falmkante aus zusehen, wie die preußische Flotte, unterstützt durch den verbündeten Österreicher Admiral Wilhelm von Tegetthoff, ihre Feuertaufe gegen Dänemark bestand.

Begrüßung des Kaisers durch Helgoländer Ehrenjungfrauen in ihrer Tracht, 1890. Zeichnung von A.Kircher.

War dies noch Vorgeplänkel, so schuf der deutsche Kaiser 1871 mit der Reichsgründung Fakten und die lang vermißte Einheit des Reiches. Schon 1872 hatte Wilhelm II. – damals noch Prinz – bei einem Besuch der Insel geäußert, »Helgoland müsse eigentlich zu Deutschland gehören«, nun setzte er diesen Wunsch 1890 um.

In seinen 1922 erschienenen Memoiren äußerte sich der damals bereits im Exil lebende Kaiser zu der »Helgoland-Frage« des 19. Jahrhunderts: »Dieses Eiland, den großen Wasserstraßen, die zu den Haupthandelsplätzen der Hansa führen, dicht vorgelagert, war in der Hand der Briten eine beständige Drohung gegen Hamburg und Bremen und machte jeden Gedanken an einen Flottenausbau unmöglich. Ich hatte daher den festen Entschluß gefaßt, dieses alte Eiland seinem Vaterland wieder zu gewinnen. Auf dem Kolonialgebiet fand sich der Weg, um England zur Aufgabe des roten Felsens zu veranlassen. Lord Salisbury zeigte sich geneigt, den ›unfruchtbaren Felsen‹ für Zanzibar und Witu in Ostafrika herzugeben …«

Der Ausbau zur Seefestung

Ebenso konsequent setzte Wilhelm II. die Befestigung Helgolands um. Aus zunächst nur einem Dutzend Soldaten wurde in knapp drei Jahrzehnten eine Festungsbesatzung von rund 3000 Mann. Geschützbatterien, Beobachtungs- und Leitstände, Kasernen- und Uferschutzbauten, ein unterirdisches Stollensystem sowie ein Marinehafen entstanden. Der Kaiser besuchte von 1890 bis 1913 zweiundzwanzigmal die Insel, meist mit seiner Yacht »Hohenzollern«.

Der Ausbau zur Seefestung geriet den Helgoländern allerdings nicht zum Vorteil. Am 1. August 1914 mußten sie ihre Insel verlassen, konnten – bis auf das Handgepäck – nichts mitnehmen. Helgoland war zum wichtigsten Stützpunkt der kaiserlichen U-Boot-Waffe geworden, ständig mußte mit Angriffen der britischen Flotte gerechnet werden. Über vier Jahre bestimmten Krieg und Militär das Leben auf Helgoland. Erst Ende 1918, nach der Verkündung des Waffenstillstandes, konnten die ersten Helgoländer heimkehren.

Der Versailler Vertrag verlangte auch eine materielle Demobilisierung der Seefestung Helgoland, also mußten der Hafen zerstört und die Befestigungsanlagen geschleift werden. Mit Hinweis auf die Schutzfunktion des Hafens konnten allerdings Teile desselben bestehen bleiben.

Helgoland gelang es, in den zwanziger Jahren dieses Jahrhunderts an die Tradition des Seebades anzuknüpfen. Im Kurtheater spielten Hans Albers und Hans Brausewetter. So mondän wie in der

Falmbatterie mit Kriegshafen.
Foto: F. Schensky, zeitgen. Postkarte.

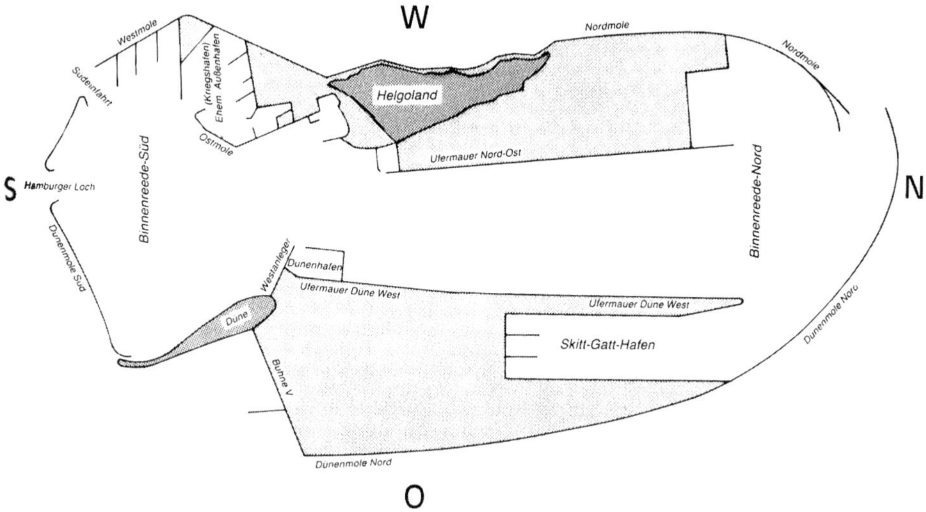

So sollte es im Zweiten Weltkrieg werden: Die geplante Erweiterung der Hafenanlagen, genannt »Plan Hummerschere«.

englischen und in der Kaiserzeit ging es nun allerdings nicht mehr zu. Die Zahl der Tagesgäste verdoppelte sich, und mit dem »Dritten Reich« kamen »Kraft-durch-Freude«-Reisende. 1935 konnte die Insel 264 200 Tagesgäste registrieren.

Im selben Jahr begann aber auch der erneute Ausbau Helgolands zur Festung. Die Düne wurde mit Aufspülungen um das Vierfache vergrößert, um eine Start- und Landebahn für Flugzeuge zu schaffen, im Schatten des roten Felsens entstand das Nord-Ost-Land. Mit dem Plan »Hummerschere« wollten die Militärs einen riesigen Marineschutzhafen bauen. In die Anlage hätte das helgoländische Felsmassiv etwa fünfzehnmal hineingepaßt. Sie wurde jedoch nie fertiggestellt. Gebaut wurde aber ein U-Boot-Bunker, wenn auch die Insel nie die militärische Bedeutung wie im Ersten Weltkrieg erlangte. Das Schwergewicht lag nun auf der Flugzeugabwehr, deshalb erbaute man für die Zivilbevölkerung umfangreiche Luftschutzbunker. Die Bewohner Helgolands wurden – bis auf einige schulpflichtige Kinder mit ihren Müttern – auch nicht evakuiert, das Leben auf der Insel war jedoch wegen ständigen Luftalarms stark eingeschränkt.

Einige Zivilisten und Soldaten, sieben insgesamt, wollten kurz vor Kriegsende die Insel kampflos und unbeschadet den Engländern übergeben. Ihre Funkkontakte wurden jedoch abgehört und die »Verräter« noch im April 1945 durch Genickschuß hingerichtet.

Von Bomben total zerstört

Um die gleiche Zeit wurde Helgoland von einem verheerenden Bombenangriff heimgesucht. Etwa 1 000 britische Bomber warfen ca. 7 000 Bomben ab. Alle Bauwerke auf der Insel wurden zerstört, alles Eigentum verwüstet. Noch am 19. April folgten weitere Angriffe, so daß die Helgoländer Bevölkerung nur bei Nacht und Nebel die Flucht über die Nordsee ans Festland wagen konnte.

Der Flakleitstand im Trümmerfeld des Oberlandes.

Hier liegt der Schluß nahe, daß die Engländer – obwohl sie das heftig bestreiten – mit einem Präventionsschlag Fakten schaffen wollten, um Helgoland für alle Zeiten zu eliminieren. Die rein militärische Zielsetzung erscheint angesichts der militärischen Übermacht der Alliierten und der unmittelbar bevorstehenden Kapitulation höchst fragwürdig. Am 11. Mai 1945 besetzte die »Schottische Garde« Helgoland, auch der letzte Insulaner mußte seine Heimat verlassen.

2 500 Helgoländer lebten nun – in erster Zeit fast alle – im Kreis Pinneberg, später verteilten sie sich auf ganz Schleswig-Holstein und über das Bundesgebiet, je nachdem, wo sie eine Existenz fanden. Die englische Militärregierung lehnte zunächst eine Bergung des restlichen privaten Eigentums von der Insel ab, ließ dann aber

doch eine Bergung in Schuten zu. Allerdings hatten sich zuvor schon Plünderer ihren Anteil geholt.

Die Briten verfügten zudem, daß

– den Insulanern die Bildung einer politischen Vertretung untersagt war

– die Gemeinde Helgoland rechtlich aufgehört hatte zu existieren; sie galt nicht mehr als Teil des Kreises Pinneberg, sondern war der Royal Navy direkt unterstellt.

Daraus leiteten die britischen Militärs auch das Recht ab, die Insel – angeblich zu Übungszwecken – zu bombardieren. Die Hamburger Bürgerschaft setzte sich für Helgoland ein, jedoch teilte der Deputy Regional Commissioner Bürgermeister Max Brauer mit: »... es steht noch nicht fest, ob die Royal Air Force ihre Bombenversuche auf der Insel nach den Zerstörungen fortzusetzen beabsichtigt.«

Dem Landrat des Kreises Pinneberg war vom englischen Gouverneur eröffnet worden, daß die britische Militärregierung beabsichtige, die Insel soweit zu zerstören, daß das Meer nur noch ein übriges zu tun habe. 1947 wurde dann auch mit den Vorbereitungen zur Sprengung Helgolands begonnen, und am 18. April fand, trotz weltweiter Proteste, der »BIG BANG«, die große Sprengung, statt.

Allerdings war die Rechnung der Briten nicht aufgegangen – Helgoland hatte standgehalten, und nun schossen auch die Spekulationen darüber ins Kraut, ob denn die Engländer ihren Groll über den Verlust der Insel im Jahre 1890 nicht verwinden konnten. Waren sie gar über eigene Fehleinschätzungen in der Vergangenheit verärgert?

Links: Die totale Zerstörung Helgolands im Bombenhagel.

Freigabe und Neuaufbau

In den folgenden Jahren wurden die Forderungen, Helgoland wieder freizugeben, weltweit immer lauter, die Briten zeigten jedoch keinerlei Kompromißbereitschaft. Trotz der Verfügung der britischen Militärregierung, die Insel nicht mehr als Bestandteil des Kreises anzusehen, wählte der Pinneberger Kreistag einen Helgoland-Ausschuß.

Die Friesen in Amerika richteten Durchhalteappelle an die Helgoländer und schickten ein Bulletin an den englischen Außenminister Bevin. 1949 appellierten die Insulaner an die ganze Welt, ihnen die Rückkehr zu ermöglichen.

Unter den Prominenten, die sich für Helgoland einsetzten, war auch Hubertus Prinz zu Löwenstein. Der Prinz war zeit seines Lebens politisch aktiv gewesen, hatte Hitler erbittert bekämpft und war 1937 ins Exil gegangen. Bis 1946 hielt er Vorlesungen an amerikanischen Universitäten und verdammte sowohl den Nationalsozialismus als auch den Kommunismus in seinem Buch »The Tragedy of a Nation«. Er führte eine Gruppe mit der Bezeichnung »Deutsche Bewegung« an, die bis 1950 viele Veranstaltungen abhielt, bei denen die Beendigung der Bombardierungen und die Rückgabe Helgolands gefordert wurde. Einer der beiden Heidelberger Studenten, die im Dezember 1950 zusammen mit zwei Helgoländern als erste die Insel besetzten, Georg von Hatzfeld, war zeitweilig für den Prinzen tätig.

Neben dem Deutschen Bundestag wurde selbst der Papst mit der »Helgoland-Frage« konfrontiert. Im englischen Unterhaus legte der Abgeordnete Professor Savory Protest gegen die Bombardierung des Inselfriedhofs ein.

Dennoch wurde Helgoland bis zum 21. Februar 1952 bombar-

diert, bevor die englische Regierung sich endlich dazu durchringen konnte, die Insel in der Nacht vom 29. Februar auf den 1. März endgültig freizugeben. Bundeskanzler Konrad Adenauer sagte in einer Rundfunkansprache:

»Der Aufbau Helgolands ist eine Herzenssache des ganzen deutschen Volkes. Ohne Verzug werden Ingenieure und Techniker jetzt an die Arbeit gehen und den Boden für das kommende Aufbauwerk vorbereiten. Für eine geraume Zeit freilich wird zum Schutze der Bevölkerung und im wohlverstandenen Interesse des Wiederaufbaus durch ein Bundesgesetz bestimmt werden müssen, daß die Insel nur mit besonderer Erlaubnis betreten werden darf.«

Der Wiederaufbau wurde entschlossen angepackt. Ab Mai 1952 entstanden die ersten Versuchshäuser,

Blick vom Falm auf das Unterland, 1955: Der Wohnungsbau schreitet voran, die neue Landungsbrücke entsteht.

1953 konnte die Vogelwarte provisorisch wieder eingerichtet werden,

1956 im März wurde das Altenheim eröffnet, im Mai durften erstmals Gäste Helgoland betreten.

Obwohl die Insel noch Großbaustelle war, fand im Mai 1956 die Wahl der ersten Helgoländer Gemeindevertretung statt.

1958 konnte das Krankenhaus eröffnet werden.

1959 nahm die Biologische Anstalt ihre Arbeit auf.

1960 waren die wesentlichen Kuranlagen fertiggestellt.

1962 erhielt Helgoland das Prädikat »anerkanntes Nordseeheilbad«.

Die Insel Helgoland wurde wieder – nicht zuletzt wegen ihrer Zollprivilegien – ein beliebtes Ausflugs- und Ferienziel in der Deutschen Bucht.

Henry P. Rickmers

Inzwischen ist viel Wasser um Helgoland herumgeflossen, die Ansprüche der Menschen haben sich verändert, der Wertewandel brachte auch für den Tourismus an Norddeutschlands Küsten Veränderungen mit sich, dazu kam die deutsche Vereinigung, die auch an der Ostsee neue (alte) reizvolle Ziele erschloß.

Zeit also für eine geschichtliche Bilanz der schönen Insel Helgoland, wie sie – bei aller Voreingenommenheit als Betroffener – nur einer ziehen kann: Henry Peter Rickmers.

Er wurde am 14. Dezember 1919 auf Helgoland geboren, verbrachte Kindheit und Schulzeit auf der Insel, wechselte mit 16 Jahren auf die Deutsche Oberschule nach Bad Segeberg, machte 1939 dort sein Abitur, ging als Soldat zur Marine und erlebte das Kriegsende als Kommandant des Minensuchbootes »M 341«.

Ab 1945 studierte er Jura in Hamburg, machte sein Examen 1948 und war dann als Referendar in Niedersachsen tätig, da seine Familie in Cuxhaven lebte. Im selben Jahr wählten ihn die Helgoländer zum Flüchtlingsbeauftragten, ein Jahr später war er Vorsitzender der Cuxhavener Sektion des Clubs »Hallunner Moats unn Tress«. 1950 trat er ein Referendariat beim Kreis Pinneberg an und übernahm am 1. November 1950 das »Helgoland-Büro«. 1951 machten ihn die Helgoländer zum Vertrauensmann, 1952 zu ihrem Beauftragten.

Von 1956 bis 1980 war er der »legendäre« Bürgermeister des neuen Helgoland.

Was liegt also näher, als ihn zu »seiner« Insel zu befragen, und nichts ist dazu besser geeignet als das authentische Gespräch, wie es auf den folgenden Seiten festgehalten ist.

Helgoland von Norden aus gesehen.
Foto: Lieselotte Tadday.

Helgoländer Ansichten und Einsichten

Henry Peter Rickmers, Helgolands Bürgermeister von 1956 bis 1980, beantwortet Fragen von Christian Müller.

Die Helgoländer – ein besonderer Menschenschlag

Christian Müller

Henry P. Rickmers

»Auf Helgoland ist alles anders«, sagte mir ein erfahrener Mitsegler, als bei meinem ersten Segeltörn zur Nordseewoche die Insel über der Kimm – einer Fata Morgana gleich – erschien. Seither beschäftigt mich dieser Satz, und tatsächlich ist auf der Insel ja auch vieles anders gelaufen als auf dem Festland.

Helgoland ist die einzige deutsche Hochseeinsel, sie ist mit keiner der anderen Inseln an der Küste zu vergleichen. Wer Helgoland besaß, der beherrschte die Zu- und Ausfahrten in die und aus der Deutschen Bucht. Daher waren die Begehrlichkeiten zu allen Zeiten groß. Hamburg, Dänemark, Großbritannien und Deutschland haben Helgoland und seine Bewohner beherrscht. Als was fühlen sich eigentlich die Helgoländer?

Immer als Helgoländer, und das hängt mit der Größe unserer kleinen Heimat zusammen – ein Quadratkilometer ungefähr. Und es hängt auch damit zusammen, daß über all die Jahrhunderte die Helgoländer immer mehr oder weniger auf sich selbst angewiesen waren. Ob sie nun zu Dänemark gehörten, zu Schleswig-Gottorp, zu Hamburg, zu England oder zu wem auch immer.

Aber wo ist der eigentliche, der geschichtliche Standort der Insel?

Der Standort ist seit der Vorzeit die Küstenregion unseres Kontinents. Man muß sich einmal vorstellen, daß Helgoland ein kleines Bergland inmitten einer Halbinsel war, die sich von dem Gebiet der heutigen Elbmündung bis nach Sylt hinzog. Besiedelt wurde es vor etwa zehntausend Jahren, nach dem Ende der Weichsel-Kaltzeit.

Als sich dann vor etwa 4500 Jahren die Nordsee ausbreitete, blieb Helgoland zunächst als Halbinsel mit dem Festland verbunden, 500 Jahre später war es dann schon Insel in der südlichen Nord-

see. Dazu muß man wissen, daß Helgoland dann über Jahrtausende hinweg der natürliche Anseglungspunkt für Elbe, Weser und Eider war, solange es Segelschiffe gab. Es kamen Engländer, es kamen Schiffe aus Murmansk, es kamen aber auch Schiffe aus Amerika – und das hat letzten Endes den Helgoländer Insulaner geprägt.

Der zweite Standort des Hoffmann von Fallersleben-Denkmals am Südstrand.

Das wäre der praktische Teil. Aber der geschichtliche Standort? Gehört nun Helgoland mit seinen Wurzeln zu Deutschland, immerhin hat ja Hoffmann von Fallersleben hier das Lied der Deutschen geschrieben, gehört Helgoland zu Dänemark, gehört Helgoland zu England? Wo siehst du in der Vergangenheit den originären Standort Helgolands?

Bei Deutschland. Unser Felsen ist ja mit dem Festlandsockel verbunden, und da liegen auch unsere Wurzeln. Also bei den deut-

Zur Helgoländer Traditionspflege gehört auch die Tracht.
Foto: Lieselotte Tadday.

schen Ländern, und das ergibt sich aus den Entfernungen zur Küste. Die nächsten Anlaufpunkte sind Büsum und etwa gleich weit Cuxhaven.

England ist mehr als 200 Seemeilen weg, da liegt zuviel Wasser dazwischen.

Helgoland gehört ja politisch zu Schleswig-Holstein, zum Kreis Pinneberg. Aber die Beziehung zu Hamburg ist doch genau besehen ebenfalls historisch gewachsen?

Helgoland war seit jeher ein Stützpunkt für die Schiffahrt und ein Anseglungspunkt. Von hier aus mußten die Schiffe Kurs absetzen in die deutschen Flußmündungen. Die Schiffe, die die Küste anliefen, brauchten Wasser, Nahrung, Schutz vor Unwetter oder anderweitige Unterstützung, und die fanden sie zuerst auf Helgoland.

Wo steht Helgoland politisch? In den vergangenen Jahrhunderten, das ist auch wieder verkehrstechnisch bedingt, war die naheliegendste wirtschaftliche Zusammenarbeit nur mit der Westküste Schleswig-Holsteins zu machen. Man trank hier Husumer Bier, und unsere Einkäufe wurden in Husum und an der Küste getätigt, ob wir nun zu Dänemark gehörten oder ob wir Schleswig-Gottorper waren. Das war einfach der kürzeste Weg. Aber mit dem Aufkommen von Hamburg, mit der immer größer werdenden Bedeutung der Elbe als Verkehrsweg, hat sich das natürlich verlagert. Und so ist für uns seit Generationen Hamburg der Dreh- und Angelpunkt zur Welt.

Helgoland ist eine eigene kleine Welt, und die Helgoländer sind stolz darauf, Helgoländer zu sein. Dennoch sind sie ja in den vergangenen Jahrhunderten häufig fremdbestimmt worden. Ob von Dänen, von Briten oder vom Deutschen Reich. Hat das die Helgoländer nicht verbittert, daß sie immer jemanden über sich hatten, dessen Sicht- und Denkweise nie helgoländisch sein konnte?

Ich glaube schon, obwohl ich das nicht beweisen kann, und es auch müßig wäre, so etwas zu beweisen. Die Helgoländer waren immer auf sich selbst gestellt, doch das Kommando kam von oben, von der Brücke, zur Zeit des Absolutismus ganz sicher. Da konnte der Landesherr, ob er nun ein Däne, ein Schleswiger oder sonst wer

Helgoland, Ansicht von der Düne, 1854. Lithographie von Christian Ludwig Wilhelm Heuer.

war, Helgoland theoretisch verkaufen. Die Helgoländer saßen zwar auf ihrer Insel, aber jeder, der Helgoland in seinen Machtbereich bringen wollte, der kannte genau die Bewaffnung und die Anzahl der waffenfähigen Männer. Das lag ja offen zutage und war leicht zuerkennen. So war Helgoland also eigentlich immer ein Spielball der jeweiligen Machthaber der südlichen Nordsee.

Die Helgoländer selbst haben ja auch immer ohne direkte Nachbarn gelebt. Der nächste Nachbar war die See – und die See kann man als Freund sehen oder auch als Feind. Aber wenn man auf einer Insel wohnt, dann kann man sie eben nicht als Feind sehen, sondern dann muß man sich ständig mit ihr auseinandersetzen.

Man muß diese ständige Auseinandersetzung akzeptieren, da die See ja Verkehrsweg und Umwelt zugleich ist?

Über lange Zeit ja auch die wichtigste Nahrungsquelle!

Helgoland ist, wie schon erwähnt, vielen Begehrlichkeiten ausgesetzt gewesen, das hatte aber nie eine Feindschaft zur Folge. Kannten die Helgoländer keine Feinde?

Nein, dafür gibt es zwei Gründe. Erstens: Wer hier ankam, der war in irgendeiner Weise hilfsbedürftig. Sonst wäre er ja gar nicht hierher gekommen, und da mußte man ihm eben beistehen.

Und zweitens: Zwischen uns und einem möglichen Feind lagen immer noch 36 Seemeilen Wasser. Mit wem sollten wir da schon eine Feindschaft haben? Mit den Nachbarn? Das ist doch kaum denkbar, und das ist es, was die Helgoländer Bevölkerung über Jahrhunderte geprägt hat als ein Volk von Seefahrern.

Das steht aber im Gegensatz zu dem, was einige Leute über die Helgoländer geschrieben haben. Chronisten, selbst ein so profunder Kenner wie Oetker, beschrieben die Helgoländer Männer als Typen, denen Anstrengung und Gemeinsinn nicht liegen. Die Mehrzahl habe nur sich und den nächsten Vorteil im Auge. Was ist eigentlich der Helgoländer für ein Mensch? Die Typisierung, wie sie Oetker beschrieb, kann ich nicht nachvollziehen!?

Helgoländer Hummerfischer.

Ich auch nicht. Ich kenne das Buch von Oetker, es ist 1855 erschienen, und schätze es auch. Aber bei all diesen Dingen, die ja über hundert Jahre zurückliegen, muß man wissen, daß Leute wie Oetker nur kurz auf die Insel kamen. Sie haben hier nur einige Wochen oder Monate gelebt. In dieser Zeit hatten sie aber mehr Kontakt zu den Frauen, die ja hier blieben, während die Männer zum Fischfang auf See waren. Und daraus erklärt sich manches.

Und wenn einige Kurgäste sagten – ich kannte auch so einen aus meiner Schulzeit, Vati Saß –, Mensch da sitzen welche den ganzen Morgen auf der Landungsbrücke und gucken in die Sonne, dann waren die schon am frühen Morgen hinausgerudert und hatten 180 Hummerkörbe hochgeholt. Die hatten den Tag schon hinter sich, bevor die ersten Urlauber überhaupt zur Brücke kamen.

Die Insulaner haben auch schon recht früh Seenotrettung betrieben, und so ist es sicher auch kein Zufall, daß heute ein moderner Seenotrettungskreuzer Helgoland als Stützpunkt hat. Aber böse Zungen sagen den Helgoländern nach, sie hätten nur darauf gewartet, daß Strandgut in Form von zerschellten Schiffen anspült. Haben die Helgoländer immer so gehandelt, wie man es von Seeleuten erwartet?

Helgoländer Fischer.

Du meinst, die Helgoländer hätten beim Schiffbruch manchmal ein wenig nachgeholfen, nach dem Motto »Gott segne unseren Strand«? Also ich glaube nicht so recht an diese Theorie, denn sie widerspricht der ganzen Situation in all den Jahrhunderten. Man kann nicht Leuten zu Hilfe kommen und sie gleichzeitig ausrauben. Natürlich bekam man auch seinen Anteil am Bergelohn, aber den Löwenanteil bekam der Landesherr, nicht die Bevölkerung.

Aber haben nicht die Helgoländer auch gegen ein Leuchtfeuer protestiert?

Die angeblichen Proteste der Helgoländer gegen die Blüse, die 1630 der Holländer Behrens auf der Insel gebaut hatte, sind oft falsch interpretiert worden. Die Helgoländer waren nicht generell gegen ein Leuchtfeuer, sie waren nur gegen ein offenes Feuer, weil bei dem meist starken Wind der Funkenflug die Reetdächer der Häuser auf dem Oberland in Feuergefahr brachte. Als 1672 die Helgoländer Rickmers und Friedrichs von der Inselverwaltung die Genehmigung zum Betrieb eines modernen Leuchtfeuers bekamen, gab es keine Proteste mehr.

Und wie war das mit der Kalkgewinnung am »Witte Kliff«, dem Kalkfelsen, der einmal die Verbindung zwischen Insel und Düne war?

Den Kalkfelsen gab es ja noch bis 1720/21. Da wird auch immer geschrieben, daß die Helgoländer den selbst abgetragen hätten. Es gibt aber einen Schleswiger namens Vahlendiek, der hat darüber

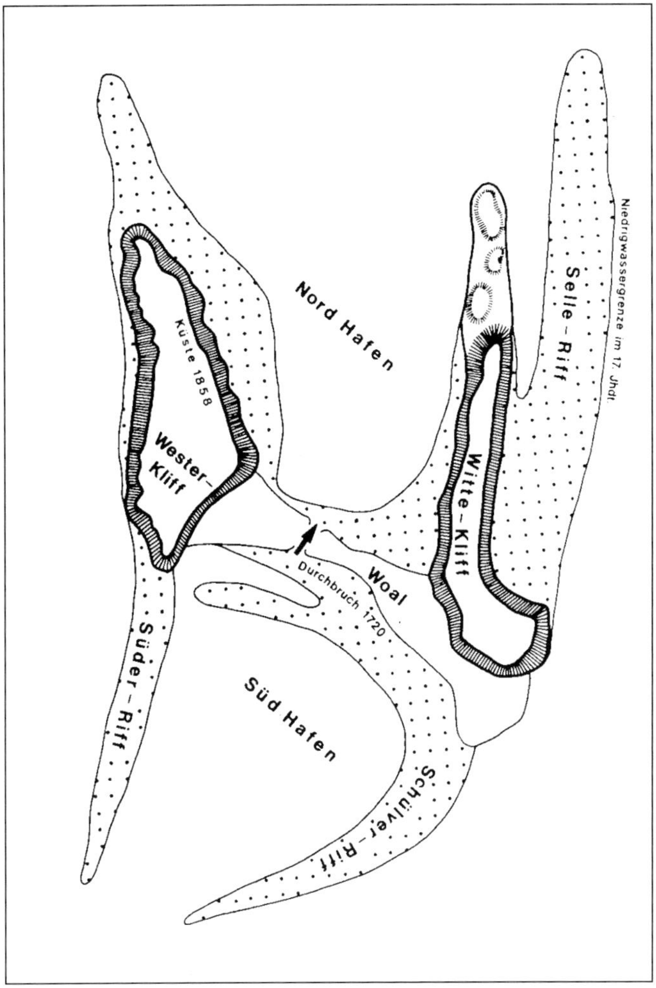

Bis zur Neujahrsnacht 1721/22 waren Insel und Düne noch miteinander verbunden. Eine gewaltige Sturmflut zerstörte den Gesteinswall, und der immerwährende Gezeitenstrom hat die Lücke dann schnell vergrößert.

geforscht und auch ein Buch geschrieben. Der kommt zu dem Ergebnis – und er ist kein Helgoländer, also neutral –, daß die Schleswig-Gottorper es sogar sehr schwer hatten, für den Abbau Leute zu bekommen. Von Helgoland bekamen sie keinen einzigen, auch nicht für Geld.

Manchmal hat man den Eindruck, daß von den fremden Seeräubern, die die Küste unsicher machten – wie Störtebeker und Konsorten – häufig auf die Helgoländer selbst geschlossen wurde. Man hat sie einfach als Seeräuber dargestellt. Da muß man wohl differenzieren: Die Helgoländer selbst waren keine Seeräuber, sie waren allerdings zeitweise den Seeräubern ausgesetzt und mußten ihnen Unterschlupf bieten. Aber sie selbst waren es nie?

Als ich kenne einige, die darüber geschrieben haben. Vor allem Erich Lüth, mit dem mich eine herzliche Freundschaft verband. Ich habe auch in der Bolzendahlschen Chronik nachgelesen, und da habe ich wohl ein Dutzend Hinweise auf die Seeräuber gefunden, aber nicht ein einziges Mal eine Bestätigung, daß Seeräuber hier auf der Insel lebten. Ich muß es also offen lassen, denn ich weiß es nicht besser. Aber einige Punkte sind nach meiner Meinung in dieser Hinsicht von Bedeutung: Einmal die Insel als Anseglungspunkt. Da war es doch logisch, daß sich Seeräuber in der Nähe von Helgoland aufhalten mußten, denn sie wollten doch dahin, wo sie Schiffe entern konnten, und nicht irgendwo alleine zur See fahren. Das zweite ist: Helgoland ist so klein und wurde schon immer von so vielen Schiffen angelaufen, daß die Seeräuber ihre Beute auf Helgoland nicht verstecken konnten. Also haben sie die Beute irgendwo im Ostfriesischen versteckt, wo die Küste nicht so gut einsehbar war, aber nicht hier. Außerdem wäre ein Seeräuberstützpunkt Helgoland sofort bekannt gewesen, und sie hätten keine Chance zur Verteidigung gehabt. Nein, so dumm konnte ja kein Seeräuber sein, die sollen ja eher clever gewesen sein. Solcherlei Seeräuberstories gehören in das Reich der Sagen und Märchen. Aber noch heute verbreiten sie eine eigentümliche Spannung und lassen sich somit umsatzträchtig vermarkten.

Es gibt Helgoländer Persönlichkeiten, die durchaus Geschichte gemacht haben. Einer von ihnen ist Klaus Reimers. Auch er wurde

Helgoländer Fischer, um 1850. Stahlstich von W. French.

zeitweilig als Seeräuber bezeichnet. Da müssen wir beide ja wohl Einspruch erheben, denn bei Reimers treffen unsere Vorfahren zusammen. Klaus Reimers war ja eigentlich Postschiffer, Lotse und später Blockadebrecher. Müßte man solchen Leuten wie ihm nicht ein Denkmal setzen auf Helgoland?

Eigentlich schon, aber da geht es den Helgoländern wie den Hamburgern: Sie kennen keine Orden, und warum sollten sie jemanden hervorheben, den sie als einen der ihren ansehen? In der helgoländischen Sprache kennt man kein Sie, nur das Du, und einer, den man duzt, braucht kein Denkmal. Von den damals rund 400 erwachsenen Männern waren etwa 380 Lotsen. Also war fast jeder Mann ein Lotse, und einer dieser Lotsen war Klaus Reimers. Aber er war schon etwas Besonderes, denn er war einer der Blockadebrecher, die ständig Napoleons Kontinentalsperre durchlöcherten.

Die Grabplatte des Erck Rickmers, 1619–1702. Nachgezeichnet von Adolf Hacker, 1925.

Die Kontinentalsperre hatte einen handelspolitischen Hintergrund?

Der französische Kaiser beherrschte den Kontinent und hatte 1806 in Berlin die Kontinentalsperre ausgerufen. Die Engländer beherrschten die See und versuchten nun, von See aus Lücken in diese Sperre zu brechen. Also besetzten die Briten Malta, Capri, Gibraltar, und auch Helgoland ist ja nicht zufällig 1807 zu England gekommen. Für die Handelspolitik bedeutete es Sein oder Nichtsein, direkt vor der Küste über einen Stützpunkt wie Helgoland zu verfügen. Die Insel wurde zu einem riesigen Warenlager, und Männer wie Reimers schlugen mit ihren Booten auf dem Seeweg Breschen in die Kontinentalsperre. Übrigens auch mit Hilfe seiner späteren Frau, denn die war die Tochter des Leuchtturmwärters auf Neuwerk und gab ihm, wenn er von Helgoland kam, Zeichen, ob die Luft »franzosenrein« war.

Landung auf der Düne.
Foto: F. Schensky, zeitgen. Postkarte.

Ausbooten auf der Düne, um 1900. Zeichnung von E. Limmer.

Auf Reimers Kopf hatte Napoleon einen Preis von 300 Talern ausgesetzt, damals eine ganz erhebliche Summe. Aber noch einmal generell zur Kontinentalsperre: Welchen Einfluß hatte sie denn auf die Geschichte Helgolands?

Einen erheblichen. Nach Ausrufung der Kontinentalsperre war auf einmal alles anders. Erst Wohlstand durch Handel, und nach Napoleons Untergang bittere Armut. Und wenn uns heute, an der Schwelle zu einem geeinten Europa, gewaltige Veränderungen ins Haus stehen, dann haben die Helgoländer ähnliches schon damals im verkleinerten Maßstab durchmachen müssen.

Wenn ich vorhin sagte, wir hatten über 300 Lotsen zu jener Zeit, dann hatten wir dreißig Jahre später nur noch ganz wenige, und heute haben wir keine mehr. Das ist ein entscheidender Teil unserer Geschichte und sagt eine Menge aus. Ein Lotse war schon aufgrund seiner fachlichen Kompetenz eine starke Persönlichkeit. Aber durch den Wegfall der Kontinentalsperre und später die Verbesserung der Seewege durch Feuerschiffe und Betonnung wurde er auf Helgoland überflüssig. In dieser Zeit sind die Lotsen nach Cuxhaven oder Bremerhaven abgewandert und haben dort Bruderschaften aufgebaut. Auf Helgoland war nichts mehr so wie vorher, und die Schiffe, es kamen ja auch bald die Dampfer auf, die brauchten Helgoland nicht mehr anzusteuern, weil verkehrstechnisch alles besser geworden war. Damals hatte Helgoland eine ganz schlechte Zeit, denn politisch war Helgoland nun auch für England nicht mehr interessant. In dem Augenblick, als Napoleon besiegt war, ging das Interesse der Engländer an Helgoland fast auf Null zurück.

Lotsenunterricht auf Helgoland.
Foto: F. Schensky, zeitgen. Postkarte.

Einzige Ausnahme war vielleicht der neue Leuchtturm, den die Engländer 1809, also noch während der Kontinentalsperre, hier errichtet hatten.

Wer hat denn nun eigentlich nach der Zeit der Engländer die Angliederung an Deutschland betrieben? War das Prinz Heinrich, war das der Kaiser oder waren es die Helgoländer selbst, die nach der englischen Zeit wieder zu Deutschland wollten?

Es gab auch Helgoländer, wie den Gründer des Seebades Jacob Andresen Siemens – auch dem müßte man ein Denkmal setzen –, die haben wohl erkannt, daß, damals wie heute, die nächste Küste eben die deutsche Küste ist. Also lag ihm und den Helgoländern, die wie er dachten, der Anschluß an eben diese Küste wohl am Herzen, denn als er das Seebad Helgoland gründete, war das eine weitsich-

Blick von der Landungsbrücke auf das neue Kurhaus und die Kaiserstraße, 1939.

tige Entscheidung. Dann ist es letzten Endes der britische Gouverneur gewesen, Sir Maxse, der das Seebad in die Gemeinde integriert und dann zur Blüte gebracht hat. Insofern – da muß ich mich korrigieren – haben die Engländer auch über die Zeit der Kontinentalsperre hinaus etwas für Helgoland getan.

Terrasse vor dem Kurhaus, im Hintergrund die Schiffe »Kaiser« und »Cobra«.

Auf das Seebad kommen wir später in anderem Zusammenhang noch einmal zurück. Bleiben wir doch noch bei der Frage, warum Helgoland wieder deutsch wurde.

Die Engländer hatten das Interesse an der südlichen Nordsee verloren und wandten sich wieder ihren Kolonien und dem Rest der Welt zu. Darin sahen die Dänen eine erneute Chance, sich Helgoland anzueignen. Von Deutschland sprach man ja damals noch nicht, sondern von den norddeutschen Ländern. Die trugen aber relativ wenig zur Entwicklung in Richtung »Helgoland wieder deutsch« bei, denn sie hatten als Seemacht keine Bedeutung.

Ankunft des Kaisers auf der Landungsbrücke.

Bezeichnend war ja, daß noch im Mai 1864 der österreichische Admiral v. Tegetthoff aus der Adria über die Biscaya in die Nordsee kommen mußte, um in der Seeschlacht von Helgoland das dänische Geschwader endgültig aus der Deutschen Bucht zu vertreiben.

Also war nun Helgoland über das Seebad dem deutschen Festland wieder näher gekommen. Als 1871 das Deutsche Reich entstand, da war es wohl vor allem der Kaiser selbst, der Helgoland seinem Reich anfügen wollte, mit Blick auf einen möglichen Marinestützpunkt. Schon früher hatten die Engländer unter der Hand die Insel der Stadt Hamburg zum Kauf angeboten, aber erst 1890 wurde Helgoland deutsch. Da ging es zunächst wieder auf-

Rechts:
Flaggenparade auf dem Oberland, 10. August 1890.

Nach der feierlichen
Inselübergabe:
Abfahrt des Kaisers.

Das alte Aquarium der Biologischen Anstalt wurde im Jahre 1902 errichtet.

Der Neubau der Staatlichen Biologischen Anstalt, 1929.

wärts: Das Hallenbad wurde gebaut, die Biologische Anstalt Helgoland wurde gegründet, der Tagesausflugsverkehr wurde möglich, und 1897 wurde auf Helgoland der »Deutsche Asthmatiker- und Allergikerbund« gegründet. Doch als es dann 1914 zum Ersten Weltkrieg kam, war die Insel wiederum Spielball höherer Interessen. Die Helgoländer wurden aus militärischen Gründen evakuiert.

Die Helgoländer waren ja selbst nie Militaristen. Sie waren nach der Übergabe an das Deutsche Reich sogar von der Wehrpflicht befreit. Dennoch wurden die gravierendsten Einschnitte in das Leben der Insel durch militärische Umstände hervorgerufen. Einmal die bittere Armut nach der Kontinentalsperre, dann die Evakuierungen im Ersten und nach dem Zweiten Weltkrieg. Es waren immer militärische Ansätze, die das Leben der Insel nachhaltig beeinflußt haben?

Das sind eigentlich mehrere Fragen, ich will mal versuchen, sie nacheinander zu beantworten.

Das Institut der Vogelwarte Helgoland im Jahre 1926.

Blick vom Oberland auf den Kriegshafen.
Zeitgen. Postkarte.

Also: Die Helgoländer waren immer auf sich selbst angewiesen, zu wem sie auch immer gehörten. Auch ich habe lange Zeit gedacht, daß es wohl kein idealer Zustand sein könne, wenn die Helgoländer ihre Rechte und Privilegien bei dem jeweiligen Landesherrn immer neu einhandeln mußten. Aber man darf auch nicht vergessen, daß hier gerade mal 2000 Leute wohnten, und dagegen standen jeweils einige Millionen. Ein Kriegsschiff, das die Insel bedrohte, reichte schon aus, um die Machtverhältnisse zu verändern. Das läßt sich dokumentarisch belegen, sowohl als die Dänen die Insel übernahmen, als auch bei der Übergabe von Dänemark an England im Jahre 1807.

Muß den Helgoländern das nicht wie eine Faust im Nacken gesessen haben?

Ja natürlich, das ist etwas, was zu meiner großen Verwunderung überhaupt kaum angesprochen wird. Wir haben zweimal in knapp hundert Jahren, im Ersten und im Zweiten Weltkrieg, über viele Jahre hinweg die ganze Bevölkerung evakuieren müssen. Wir Helgoländer haben die Kriege nicht gewollt, aber wir lagen im Schnittpunkt der Interessen der Großmächte. Wir lagen, was die letzten Generationen betrifft, mitten in den Kreuzfeuern der Großmächte und waren ein Spielball der großen Politik. Wie groß die Belastung für die insulare Bevölkerung wirklich war, das kann nur der ermessen, der sich intensiv mit unserer Geschichte befaßt.

Einige -zig Jahre Evakuierung und Verteilung auf bis zu 150 oder 170 Orte, bei 2500 Mann Bevölkerung, das sind gravierende

Panzerturm und Kasematten.
Foto: F. Schensky, zeitgen. Postkarte.

Einschnitte. Dazu noch über viele Jahre mehr Soldaten und Festungsarbeiter als Einheimische auf der Insel, das sind Dinge, die uns sehr belastet haben. Dazu gehört auch die Einschränkung der Bewegungsfreiheit durch den Festungsbau auf der Düne und am Nordosthafen. Das alles auf ohnehin nur einem Quadratkilometer.

Stichwort: Seefestung Helgoland. Heute wäre sie gar nicht mehr denkbar, auch nicht mehr notwendig, aber damals hatte sie ja eine enorme Bedeutung. Die Helgoländer hat man aber nie gefragt, sie waren wohl auch nie davon überzeugt?

Das kann man so generell nicht sagen, es gab solche und solche, aber der Helgoländer ist mit Sicherheit kein Militarist. Das kann er auch nicht sein, weil er immer in der Minderheit war, weil er sich immer aus der Sicht des politisch Kleineren, des weniger Durchschlagskräftigen, behaupten mußte. Und wenn wir unsere Rechte und Privilegien immer mit Kompromissen verteidigen oder erneuern lassen mußten bei den jeweiligen Staaten oder Landesherren, dann ist das keine Feigheit, sondern Lebenstüchtigkeit. Wir konnten ja nicht mal eben einen Aufstand anzetteln. Gegen Napoleon schon gar nicht und auch nicht gegen die Engländer. Für die Verteidigung seiner Insel war der Helgoländer allerdings immer zu haben. Auch wenn Meta Schöpp in ihrem Buch »Schiff auf Strand« von den Helgoländern sagt, sie seien »furchtlos auf See, aber Drückeberger beim Militär«. Darin sehe ich auch keinen Widerspruch. Keine Furcht vor der übermächtigen See, die ja mehrfach die Existenz der Insel in Frage gestellt hat, aber keinen Todesmut gegenüber dem Stärkeren. »Der Klügere gibt nach« hat auch bei den Übergaben früherer Zeiten unnötiges Blutvergießen verhindert.

Aber daß man seine Insel unterhöhlt hat, zu einer Festung ausgebaut hat und der Helgoländer damit auf einer Sprengbombe saß, das muß ihn doch ziemlich vergrätzt haben?

Er ist ja nie gefragt worden, weder als die Dänen die Insel von

Links oben:
Letztes Hochsee-Flottenmanöver vor Helgoland, 1912.
Foto: F. Schensky.

Links unten:
Das Handels-U-Boot »Deutschland« kehrt am 23.8.1916 nach Helgoland zurück.
Foto: F. Schensky.

Rechts oben:
Die Seefestung Helgoland wird geschleift, die Panzertürme werden demontiert.
Foto: F. Schensky, zeitgen. Postkarte.

Schleswig-Gottorp wieder wegnahmen, noch als 1807 die Engländer kamen und dem dänischen Kommandanten drastisch klarmachten, daß er ihren Kanonen wenig entgegenzusetzen hätte, zumal die Engländer wußten, daß sich die Mehrzahl der Dänen gerade auf See befand.

Die Helgoländer waren, wie du schon mehrfach betont hast, zeit ihre Lebens überwiegend Seefahrer, und aus dieser Zeit mag auch das Wort – das gelegentlich als gotteslästerlich empfunden wird – kommen: »Der liebe Gott ist ein Helgoländer.« Ist das nicht eine Anmaßung?

Schon möglich, aber es gibt auch ein portugiesisches Sprichwort: »Wer zur See fährt, lernt das Beten.« Der Seemann hat sich mit den Naturgewalten auseinanderzusetzen, und so empfinde ich dieses Wort auch. Wenn die Helgoländer Seefahrer sagen: »Der liebe Gott ist ein Helgoländer«, dann heißt das, sie haben mit Gottvertrauen Eigeninitiative entwickelt, damit sie wieder heil nach Hause kommen.

Ich bin ja im Krieg selbst Kommandant auf einem M-Boot gewesen, und ich muß das bestätigen. Als wir in der Ostsee Schiffbrüchige der »Wilhelm Gustloff« retten konnten, da ist das für mich sehr deutlich geworden. Ohne irgendwelche Hilfe kommt man meistens nicht durch so eine schwere Zeit. Und wenn man allein den Naturgewalten preisgegeben ist, das war in der Zeit der Segelschiffe besonders hart, da kommt man nur klar, wenn die Fügung es so will; und so meint dieser Satz, daß der liebe Gott sich schützend vor uns stellt, wenn wir mit unseren eigenen Mitteln am Ende sind. Also keine Anmaßung, sondern Glaubenssache.

Ein Wort, über das nachzudenken sich lohnt. Helgoländer sind Friesen mit einer starken Bindung an Nordfriesland. Ähnlich wie auf Helgoland wird auch an der Küste noch friesisch gesprochen. Was wurde denn hier in der Zeit der dänischen, der englischen

Rechts unten:
Die Reste des Kriegshafens nach seiner Zerstörung.

Herrschaft oder später auch unter dem deutschen Patronat gesprochen?

Die Umgangssprache, die Sprache der Einheimischen, war allzeit Helgoländer Friesisch, bis in die letzte Zeit hinein. Die Amtssprache paßte sich natürlich dem jeweiligen Amtsinhaber an. In der Zeit, als wir zu Dänemark gehörten, sprach man als Amtssprache dänisch, in der Zeit, als wir zu England gehörten, war die Amtssprache englisch. Aber in der Kirche und in der Schule ist seit eh und je deutsch gesprochen worden. Das bedeutet, daß unser Lebensraum immer auf die nächste Landesgrenze ausgerichtet war, auch ethnologisch.

Helgoländerin.
Foto: F. Schensky.

Von der Heimatinsel vertrieben

Schließen wir den geschichtlichen Teil hier ab. Wenn wir eben von zweimaliger Evakuierung gesprochen haben, dann wollen wir auf die Evakuierung im Ersten Weltkrieg nicht noch einmal eingehen, in dem Roman »Die Stimme von Helgoland« ist sie ja sogar literarisch verewigt. Aber die Evakuierung nach dem Zweiten Weltkrieg war ja die viel stärkere Zäsur, weil Helgoland dem Untergang preisgegeben war. Wo immer Helgoländer nach der Evakuierung auch lebten: Ihr Zusammenhalt war sehr stark. War das eigentlich organisiert?

Soweit das zugelassen war, ja. Du wirst dich erinnern, daß man in der ersten Zeit nach dem Kriege überhaupt nichts unternehmen konnte, weil die Siegermächte die Presse beherrschten und weil sie solche Themen wie Helgoland nicht hochkommen ließen. Wir erinnern uns ja auch noch an das abendliche Ausgehverbot und die Order, daß man sich nicht zusammenschließen durfte.

Im Laufe der Zeit war das natürlich nicht zu halten, und somit wurden die Verbindungen immer besser. Unter diesen Umständen ist es schon erstaunlich, daß wir im Mai 1949 in Cuxhaven ein Helgolandtreffen hatten, bei dem schon die Hälfte aller Helgoländer dabei waren. Auslöser war da wohl ein Artikel im Mitteilungsblatt: »Helgoländer – sind wir auf dem richtigen Weg?«

Die Hälfte der damals ansprechbaren Helgoländer? Wie viele waren das denn ungefähr?

So um die 1200.

Dieses Treffen muß aber doch organisiert gewesen sein? Wer waren denn im Mai 1949 die Initiatoren?

Das war der Club »Hallunner Moats« in Cuxhaven. Wir hatten ja eine Cuxhavener Untergruppe gegründet, deren Vorsitzender ich

Nach dem Bombenkrieg: Alles in Schutt und Asche.

war. Nun hatte ich gerade erst studiert, war Referendar und auf Hilfe angewiesen. Die bekam ich von Paul Bebber, Hinni Lührs, Pinkus, Harry Ohlsen, meinem Bruder Hans Carl, Richard Kuchlenz, Hans Richarz, seiner Frau Hulla und vielen anderen.

Es kamen überhaupt von Cuxhaven aus manche Initiativen, und für uns war das natürlich eine tolle Sache, daß wir dieses erste große Helgoländer Treffen auf die Beine stellen konnten. Ganz entscheidend für uns war, daß dieses Treffen dazu führte, daß wir mehr Kontakt zueinander bekamen und fortan mit einer Zunge sprechen konnten.

Das war aber nicht ganz so einfach, denn die Helgoländer waren relativ weit verstreut. Es lebten ja nicht alle zusammen in Cuxhaven, sondern über ganz Deutschland verteilt?

Ja, die lebten in über 150 Gemeinden. Ich habe sogar einmal fast 170 verschiedene Ortschaften und Städte gezählt. Bei rund 3 000 Menschen in 150 Gemeinden war das ein Schnitt von zwanzig Personen pro Ort.

Wie hat man die denn erreichen können? Gab es schon eine Publikation oder einen Rundbrief?

Es gab in jenen Jahren das »Mitteilungsblatt Helgoland«. Lizenzträger war James Krüss, mein Schwager. Meine Frau hat den Vertrieb organisiert. Gedruckt hat es mein Vetter in Flensburg, weil immer auch ein Teil in Helgoländischer Sprache erschien, und den konnte nur einer drucken, der auch helgoländisch sprechen konnte.

Nur eine Fußnote zu James Krüss, der ja auf Gran Canaria lebte. Ist der eigentlich immer Helgoländer geblieben?

Ja, wie viele Helgoländer, die im vergangenen Jahrhundert weggegangen sind und auch jetzt noch weggehen. Naturgemäß sind das alle, die ein bißchen weiterkommen wollen und die Fähigkeiten dazu haben, soweit sie nicht hier auf der Insel einen Arbeitsplatz finden. Aber die Biologische Anstalt kann auch nicht alle aufnehmen, und wenn wir zwei oder drei Ärzte hier haben, so genügt das, für zehn bietet die Gemeinde keinen Platz.

Noch einmal zu James Krüss. Sein Engagement für ein Wiederaufleben Helgolands als urbane Hochseeinsel war damals sehr massiv?

Ja, er ist damals stark für Helgoland eingetreten. Wir sprachen ja schon über das Mitteilungsblatt, das er 1948 herausgab. Ich meine, daß es die Lizenz Nummer eins in Schleswig-Holstein war, und dieses Blatt hat uns die Möglichkeit gegeben, an die Helgoländer auf dem Festland, wo sie auch immer lebten, heranzutreten. Auf diese Weise ist es uns langsam gelungen, die Helgoländer wieder zusammenzubringen.

See und Wind prägen die Gesichter der Helgoländer.
Foto: F. Schensky.

Das alles ist natürlich nicht vollständig, ohne daß man die Erweiterung der Helgoländer Zusammenarbeit anspricht. Wir hatten den Club »Hallunner Moats« in Hamburg, geleitet von Arnold Rickmers, also ein Onkel oder einer, den ich Onkel nannte. Dieser Club war unpolitisch, war ein loser Zusammenschluß von Helgoländern, der bereits vor dem Krieg existiert hat. Den haben wir genutzt, um auf diese Weise dann doch allmählich unsere kommunalen Interessen zu vertreten.

Also der Eindruck, der gelegentlich entstanden ist, daß der Club »Hallunner Moats« nur ein Trachtenverein gewesen sei, was er nach außen hin vielleicht auch zeigte, stimmte nicht, er war aktiv politisch tätig?

Ja und wie. Da wir über den Club »Hallunner Moats« sozusagen legalisiert waren und Untergruppen gebildet hatten, in Flensburg, Pinneberg, Hörnum auf Sylt, Cuxhaven und nicht zuletzt auch in Wilhelmshaven oder im Binnenland, konnten wir letzten Endes die Helgoländer Sache mit einer Zunge voranbringen.

Du hast damals diesen Club geleitet, warst aber noch recht jung. Daher war anfangs nicht so recht zu erkennen, wer die Drahtzieher waren. Aber genau besehen warst du derjenige, der die Fäden von Pinneberg aus in der Hand hatte?

In steigendem Maße ja, aber es wäre anmaßend, wenn ich behaupten würde, daß ich derjenige gewesen bin, der das alles organisiert hat. Das sind die Helgoländer gewesen, und wir haben viele Freunde gehabt. Ich bin der letzte, der nicht anerkennt, daß es auch eine große Unterstützung von Nichthelgoländern gab. Aber irgendwie sind die Helgoländer ihrer Heimat nie untreu geworden, und das hat schließlich dazu geführt, daß wir den Dingen den richtigen Kurs geben konnten.

Und wohin ging der »richtige Kurs«?

Es war ja durchaus keine Selbstverständlichkeit, daß sich neunzig von hundert Helgoländern für eine Rückführung entschieden. Das war allerdings gar nicht so einfach, wie man sich das heute vorstellt. Schließlich waren die Menschen – Helgoland existierte ja politisch nicht mehr – Bürger von Nürnberg, Lüneburg oder Itzehoe geworden und hatten sich dort schon wieder eine Existenz geschaffen. Es gab auch Helgoländer, die zu Verwandten nach Australien gezogen waren. Die mußte man alle irgendwie wieder unter einen Hut kriegen. Die Helgoländer haben das durchgestanden und darauf gedrängt, daß etwas in Gang kam. Und wir haben es dann angeschoben, haben hier und da protestiert und sind aktiv geworden. Aus dem Club »Hallunner Moats« ist dann letzten Endes der Anstoß zur Gründung des Helgoland-Büros in Pinneberg gekommen, das dann am 1. November 1950 seinen Betrieb aufnahm.

Ein entscheidender Meilenstein war die Cuxhavener Aktion. Wie ist die eigentlich zustande gekommen?

Wir saßen ja damals in Cuxhaven, ich war noch nicht verheiratet und lebte bei meinen Eltern im Haus, war aber als Referendar am niedersächsischen Oberlandesgericht untergekommen. Eigentlich ohne mein Zutun wurde ich erst einmal Flüchtlingsbeauftragter,

Mehr als tausend Helgoländer begegnen sich beim ersten Heimattreffen am 21. Mai 1949 in Cuxhaven.

und ein halbes Jahr später – ich glaube das war 1949 – habe ich den Club »Hallunner Moats« dann geleitet. Dessen Mitglieder waren sicher nicht die schlechtesten Helgoländer, denn die sind ja, und das war die Mehrzahl, an der Küste geblieben und hatten immer den Drang, wieder nach Hause zu kommen. Um das zu erreichen, mußten sie sich ab und zu auch mal rühren. Das war für die gemeinsame Sache immer hilfreich. Natürlich gab es auch unter den Helgoländern verschiedene Meinungen, das ist ja heute noch so. Und wie könnte das auch anders sein? Aber alle haben sich – jeder auf seine Art – für ihre Heimat eingesetzt. Oft unter großen persönlichen Opfern.

Aber noch einmal zur Cuxhavener Aktion. Wie kam sie zustande und wie lief sie ab?

Sie kam zustande, weil ein schwedisches Wikingerboot, die

»Ormen Friske«, deren Wrackteile man noch heute auf Pellworm besichtigen kann, vor Helgoland – möglicherweise bombardiert – untergegangen ist. Das war für die Lotsen in Cuxhaven und Brunsbüttelkoog, also in der Elbmündung, der Anlaß zu einem – erstmals koordinierten – machtvollen Protest. Sie alle weigerten sich hinzunehmen, daß die gefährlichen Gewässer um Helgoland keine ausreichende Kennzeichnung hatten. Wir, als Helgoland-Büro und Club »Hallunner Moats«, haben das als willkommenen Anlaß genommen, um mal wieder auf das Helgolandproblem aufmerksam zu machen.

Wo warst du denn zu jener Zeit?

Ich hatte mich beim Verband Deutscher Reeder beworben, war auch angenommen worden, aber die durften mich nicht als Referendar beschäftigen. In meiner Not mußte ich mich nun woanders umsehen und ging daher nach Pinneberg in die Kreisverwaltung. Nach Ablauf der Referendarzeit hat mich der Kreis übernommen, und damit war nun das Helgoland-Büro an die weitere politische Entwicklung gekoppelt. Bei der Cuxhavener Aktion haben wir erstmalig unsere Aktivitäten mit denen in Cuxhaven zusammenführen können. Wobei uns der Ministerpräsident von Niedersachsen, Hinrich Wilhelm Kopf, und der Oberbürgermeister von Cuxhaven, Karl Olfers, viele Brücken gebaut haben, die wir, zusammen mit dem Landrat des Kreises Pinneberg, Hermann Schinkel, nutzen konnten.

Die »Karkfinken« durften auf keinem Heimattreffen fehlen.

Die Cuxhavener Aktion ist eine erste Kooperation der Seeleute und Segler von der Küste, einschließlich der Helgoländer, mit Unterstützung des Kreises Pinneberg und der Stadt Cuxhaven gewesen.

Die Cuxhavener Aktion hatte aber keineswegs die sofortige Freigabe Helgolands zur Folge. Sie war ein wesentlicher Anstoß, nicht der Befreiungsschlag?

Nein, wir haben ja vielfach Proteste eingelegt, vor der Cuxhavener Aktion auch gegen die Bombardierung des Friedhofs. Damals haben wir Telegramme geschickt, an Bundeskanzler Adenauer, an den britischen Luftwaffenminister Henderson und an die Deutsche Presse Agentur. Wir verstanden schon ein bißchen was von Publicity, wußten recht geschickt damit umzugehen.

Als wir danach im Hinterzimmer der Firma meines Vaters saßen, kam der mit der Mitteilung, daß die Engländer wegen des Friedhofs eine Kommission zusammengestellt hatten, und forderte uns auf, daraus etwas zu machen. Wir haben uns daraufhin als ortskundige »Lotsen« angeboten, und die Briten haben das akzeptiert. Als sie mit der »Royal Charlotte« aus Hamburg kamen, herrschte Nebel, und in diesem Nebel fuhren wir mit dem Seenotrettungskreuzer »Hindenburg« – dessen Vormann war der Helgoländer Rickmer Bock – schon mal vorweg. Weil wir uns auch bei Nebel besser zurechtfanden, waren wir einige Stunden vor der »Royal Charlotte« auf Helgoland. Dort haben wir uns dann in aller Ruhe auf der Insel und auf dem Friedhof umsehen können.

Die friedliche »Invasion«

Ihr habt also die Engländer ein wenig ausgetrickst. Nach der Cuxhavener Aktion hat sich dann Hubertus Prinz zu Löwenstein des Problems Helgoland angenommen. Wie kam der eigentlich dazu? Wie kam seine Initiative zustande?

Das ist etwas, was nach wie vor im dunkeln bleibt. Es war ja nicht nur der Prinz, es waren ja auch die beiden Heidelberger Studenten Georg von Hatzfeld und René Leudesdorff, die damals auftauchten. Wir hatten Kontakt mit ihnen, bevor sie nach Helgoland gingen und dort die Europaflagge hißten. Wenn ich mir diese Zeit noch einmal vor Augen führe, dann glaube ich, daß die Rolle des Prinzen zu Löwenstein nicht entsprechend gewürdigt wird.

Aber wie hat er sich selbst eingebracht? Hatte er irgendeinen Anlaß? Was trieb ihn? Einfach nur Menschlichkeit?

Ich glaube nicht. Er war Historiker, lebte in Amerika und las an amerikanischen Hochschulen. Wenn ich das mal überspitzt sehe, dann war er einer von denen, die das Abendland aus den Trümmern des Krieges retten wollten. Als Historiker dachte er in geschichtlichen Dimensionen, vielleicht sogar im Prinz Eugenschen Sinne. Ihm schwebte wohl schon so etwas wie eine europäische Idee vor, die man auch gegen Expansionsgelüste aus dem Osten schützen mußte.

Dafür bot ihm Helgoland einen Ansatzpunkt. Denn damals begann ja schon der kalte Krieg. So sagten die Russen beispielsweise, solange ihr (die Westmächte) noch deutschen Boden, damit meinten sie Helgoland, bombardiert und den Bewohnern ihr Heimatrecht absprecht, so lange brauchen wir über Ostpreußen nicht nachzudenken. Man konnte unsere Situation schon im großen politischen Zusammenhang sehen.

Wir haben eben Hatzfeld und Leudesdorff erwähnt. Beide haben ja die Rolle des Prinzen später negativ dargestellt, wenn nicht sogar in Frage gestellt. Der Prinz hat aber doch recht konstruktiv mitgewirkt?

Ja. Ich wollte später, ich glaube zum 20. Jahrestag, diese Frage endgültig geklärt haben. Dazu haben wir in Otterndorf ein Treffen mitsamt einer Ausstellung organisiert und wollten vorher zu einer Pressekonferenz einladen, an der Hubertus Prinz zu Löwenstein, Georg von Hatzfeld, René Leudesdorff und ich dabei sein sollten. Dazu ist es aber nicht gekommen, weil Georg von Hatzfeld es angeblich abgelehnt hat, mit dem Prinzen je wieder zusammenzukommen.

Das ist doch eigentlich unverständlich, denn Georg von Hatzfeld war ja in den USA, im Hause des Prinzen, so etwas wie ein Privatsekretär gewesen?

Ich weiß über die persönlichen Animositäten zu wenig, aber Prinz Löwenstein war meines Erachtens kein Operettenprinz, denn er hat in den entscheidenden Tagen, das ist um die Jahreswende 1950/51 gewesen, die Führung übernommen.

Wenn du sagst in den »entscheidenden Tagen«, dann sollten wir die Vorgänge mit den einzelnen Beteiligten einmal präzisieren!

Da war zunächst der erste Anlauf von Georg von Hatzfeld und René Leudesdorff, am 20. Dezember 1950 die Insel zu erreichen. Die beiden hatten die Schwierigkeiten wohl unterschätzt und kamen schon am 22. Dezember wieder nach Cuxhaven zurück. Bei Hinrich (Hinni) Lührs suchten sie Rat und Unterstützung. Mit der logistischen Hilfe meines Vaters und Bruders liefen sie in den frühen Morgenstunden des 27. Dezembers an Bord des Fischkutters »Paula« (Carl Oelrichs) wieder aus. Mit an Bord waren Hans Richarz und Hinni Lührs.

Daß die Aktion zwischen Georg von Hatzfeld und dem Prinzen abgestimmt sein mußte, geht ja bereits daraus hervor, daß Prinz Hubertus zu Löwenstein vier Tage vor der ersten »Invasion« mit dem damaligen britischen Hochkommissar, Sir Ivone Kirkpatrick, auf Schloß Röttgen zu Mittag gegessen hatte und ihn dabei wissen ließ, der Worte seien nun genug gewechselt, weitere Mittel behielte er sich vor.

Richtig! Und nun, am 27. Dezember, traf er in Begleitung seines Adlatus John Larson, eines gebürtigen Schweden mit amerikanischer Staatsbürgerschaft, in Cuxhaven ein und setzte sich sofort mit meinem Vater und meinem Bruder in Verbindung. Mit der Folge, daß am 29. Dezember auch Prinz Hubertus zu Löwenstein und John Larson nach Helgoland fuhren, und nun erst wurde die Angelegenheit hochpolitisch, denn jetzt wurde klar, daß der Prinz als Leiter der sogenannten »Deutschen Aktion« dahinter stand. Nach den Worten von Hinni Lührs, er war zweiter Vorsitzender des Clubs »Hallunner Moats«, Sektion Cuxhaven – seinen diesbezüglichen Nachlaß habe ich übernommen –, ist es ganz klar der Prinz gewesen, der auf der Insel die Fäden in der Hand hielt. In seinem Tagebuch hat Georg von Hatzfeld selbst festgehalten, daß der Prinz es war, der Format in die Sache gebracht hat. Der habe davor gewarnt, daß die Aktion nicht abgleiten dürfe, daß dies kein Indianerspiel sei und daß man die Hauptsache, nämlich die Freigabe Helgolands, nicht aus den Augen verlieren solle.

Zu diesem Zeitpunkt war René Leudesdorff, der gern als »Interpret der Invasion« bezeichnet wird, schon nicht mehr auf der Insel. Er kannte also den genauen Ablauf nur vom Hörensagen?

Das muß man wohl so sehen. Als dann am 3. Januar 1951 die Invasoren mit der »Eileen« Helgoland verlassen mußten, war es der Prinz, der dem britischen Major Messenger ein Protestschreiben übergab mit dem Inhalt, daß der Abtransport der friedlichen Besetzer nicht das Ende im Kampf um Helgoland und die Menschenrechte darstelle.

Wenn wir die Rollen der einzelnen Beteiligten noch einmal beleuchten, dann ist die Rolle, die du dabei gespielt hast ja auch nicht zu unterschätzen, denn der erste Kontakt der Heidelberger Studenten lief über das Hamburger Rathaus, und zwar über dessen damaligen Pressesprecher Erich Lüth, zu dir nach Pinneberg.

Ich hatte bereits das Helgoland-Büro und war Angestellter des Kreises Pinneberg. Georg von Hatzfeld kam über Lüth zu mir, und ich bin dann mit ihm zum Landrat gegangen, weil ich glaubte, der würde schon mitspielen. Dem war aber nicht so. Heute verstehe ich seine Reaktion, nachdem ich seine Akten und Memoranden, die ich damals ja nicht kannte, gelesen habe. Er hat sehr offene Worte an das

Die friedlichen »Invasoren« hissen die Flaggen von Deutschland und Europa auf der zerstörten Insel.
Foto: Jochen Blume.

britische Unterhaus geschickt, aber auch an unsere Leute. Er glaubte auch, vor allem nach seinem Besuch in London, daß auf diplomatischem Wege die Dinge schon auf uns zuliefen. Tatsächlich mußte man die ganze Angelegenheit schon in einem direkten Zusammenhang mit der großpolitischen Entwicklung sehen.

Die Amerikaner und die Engländer, die Amerikaner allerdings mit mehr Nachdruck, wollten wirklich, daß die Deutschen wieder ihre Rolle in der Neuordnung Europas übernahmen, und das war schlecht möglich, solange noch ein Teil der Bundesrepublik bombardiert wurde und die Bevölkerung vertrieben war. Jetzt setzte sich auch die deutsche Presse, erst zaghaft, dann immer lauter, für Helgoland ein, und damit standen die Deutschen hinter uns. Daher betone ich immer wieder: Alle haben sehr viel für Helgoland getan – Institutionen, Persönlichkeiten, natürlich auch die zuständigen Gremien in der Politik und viele Freunde, auch international.

Die Rolle des Landrats Schinkel haben wir ja schon angesprochen. Er war gegen eine solche Aktion, wie sie von Hatzfeld und Leudesdorff planten, weil er auf die normalen politischen Kräfte setzte, die sich ja langsam entwickelten. Dennoch habt ihr nicht aufgegeben. Du hast das Gesetz des Handelns in der Hand behalten und etwas unternommen, was du offiziell nicht hättest tun dürfen?

Ja, meine Lage war sehr schwierig. Ich war Mitarbeiter des Kreises, und wir waren so weit, daß wir die Helgoländer Sache sehr gut voranbrachten. Ich bin ja mit dem Landrat durchaus nicht immer einverstanden gewesen, und er sicher auch nicht mit mir, aber man muß wohl einsehen, daß er noch weitere 48 Gemeinden im Kreis hatte, während ich nur für Helgoland da war. Und uns ging alles nicht schnell genug. Ich kann aber nicht umhin, mittlerweile manches einzusehen, was er damals gemacht hat. Ich bin auch sehr froh, daß ich mit ihm auf seine alten Tage noch eine Aussprache hatte, so daß wir eigentlich als Freunde geschieden sind.

Dennoch hattet ihr einen viel größeren Anteil an dem, was die Invasoren dann unternahmen. Es wird heute so dargestellt, als hätten sie auf eigene Faust gehandelt. Sie konnten aber gar nicht auf eigene Faust handeln. Ohne eure logistische Unterstützung, wenn ich mal deinen Vater und deinen Bruder mit einbeziehe, lief ja nichts?

Zunächst mußte ich Georg von Hatzfeld klarmachen, daß ich offiziell nicht weiterhelfen konnte, wenn der Landrat und der Kreis nicht mitzogen. Denn das hätte ja bedeutet, daß ich den Landrat, den Kreis und das Land Schleswig-Holstein desavouiert hätte. Das war einfach nicht möglich. Aber dennoch meinte ich, irgendwie weiterhelfen zu müssen. Ich traf mich deshalb noch am Abend desselben Tages mit den beiden Heidelberger Studenten in Hamburg im Bahnhofsrestaurant Dammtor, teilte ihnen meine Pläne mit und schrieb ihnen die Kontaktadresse für Cuxhaven auf. Es war die Telefonnummer meines Vaters, der in Cuxhaven mittlerweile ein Schiffsausrüstungsgeschäft betrieb, in dem auch mein Bruder Hans-Carl tätig war. Die beiden Studenten haben sich der Absprache gemäß verhalten, mein Bruder hat unverzüglich das erste Schiff besorgt.

H.P. Rickmers mit Erich Lüth (links), dem damaligen Hamburger Senatspressesprecher, der sich sehr für die Freigabe Helgolands einsetzte.

Also kam die Logistik von den Helgoländern in Cuxhaven. War das nicht auch gefährlich?

Sicher, denn sowohl von Hatzfeld und Leudesdorff als auch der Prinz mußten mit Verhaftung rechnen. Unsere Leute haben sie daher versteckt, wußten allerdings, daß die deutschen Behörden auf unserer Seite waren.

Wer war denn noch beteiligt?

Eine Inselbesetzung war damals noch nicht so einfach wie heute eine Demo. So etwas kannten wir doch nicht. Es wußte auch keiner so richtig, was da plötzlich für Leute auftauchten. Ich meine jetzt nicht die beiden Studenten oder Guillaume, den Vorsitzenden der ostpreußischen Landsmannschaft, auch nicht den Vorsitzenden des Bundes europäischer Jugend, Friedrich v. Friedeburg. Aber es sind noch andere dagewesen, und ob sie alle auf unserer Seite standen und nicht etwa ihre eigenen Ziele verfolgten, das wußte man nicht. Sie kamen ja einfach dazu.

Vor allen Dingen du, der Leiter des Helgoland-Büros, konntest dich damals nicht darauf einlassen. Du mußtest dich in irgendeiner Form absichern, denn die Aktion barg ja einige Risiken in sich, das war ein Spiel mit dem Feuer! Hast du deshalb nicht selbst teilgenommen?

Ich selber war zu keiner Zeit Teilnehmer der »Invasion«. Ich weiß, daß das umstritten war und mir von manchen Freunden sogar als Feigheit ausgelegt worden ist; aber ich hielt es nicht für vertretbar, offiziell mit dem Kreis Pinneberg zu brechen. Im übrigen wollte ich mich auf keinen Fall einem Mehrheitsbeschluß der Invasoren unterwerfen, von denen ich einige gerade mal mit Namen kannte. Ich war für die Helgoländer da!

Die Helgoländer in Cuxhaven schalteten sich aber immer mehr ein. Beim zweiten Anlauf waren ja schon Hinni Lührs und Hans Richarz dabei, und als sich der Prinz immer mehr durchsetzte, wuchs die Zuversicht entsprechend.

Ich selbst war mir damals nicht sicher ob meines Vorgehens, heute bin ich jedoch längst von der Richtigkeit überzeugt, und zwar aus folgendem Grunde:

Anfang Februar 1951 hatte das britische Unterhaus die Frage Helgoland recht negativ behandelt. Das hatte zur Folge, daß sich etliche Tage danach die Invasoren zu einer Versammlung in Cuxhaven zusammenfanden und eine erneute Besetzung der Insel beschlossen. Da ich nicht an der Sitzung teilgenommen hatte, wurde mir der Beschluß durch den Prinzen und René Leudesdorff mitgeteilt. Ich habe damals eindeutig erklärt, daß wir Helgoländer ein solches Vorgehen für falsch hielten und deshalb nicht mitmachen würden; uns Helgoländern gehe es um die Freigabe der Insel und nicht darum, der damaligen Siegermacht zu zeigen »was eine Harke ist«. Daraufhin wurde die Debatte wieder aufgenommen, und am Ende gab es einen neuen Beschluß: Eine Abordnung der Invasoren, bestehend aus dem Prinzen Hubertus zu Löwenstein, René Leudesdorff und Guillaume sowie ich als Vertreter der Helgoländer, sollte nach Kiel fahren und sowohl dem damaligen Ministerpräsidenten Bartram als auch dem amtierenden Landcommissioner Hume die Situation vortragen.

Es drohte ja noch eine weitere Eskalation dadurch, daß nun auch von kommunistischer Seite eine Invasion angedacht wurde, und das hätte den Zielen der Helgoländer überhaupt nichts genützt. Daher war eure Ablehnung richtig und der Beschluß, in Kiel vorstellig zu werden, der bessere Weg. Hat man euch angehört?

Das zerbombte Oberland, rechts der Flakleitstand.

Ja, am 19. Februar 1951 fand die Besprechung statt. Zwei Dinge sind aus meiner Sicht besonders relevant: Erstens haben wir dem Brigadier Hume mitgeteilt, daß sich kommunistische Stellen wegen einer Besetzung der Insel unmittelbar mit Helgoländern in Verbindung gesetzt hätten, und zweitens, daß wir Helgoländer immer noch auf die Einsicht der Briten setzten und vorerst keine illegale Invasion mitmachen würden.

Der Landcommissioner hielt diese Information offenbar für sehr bedeutsam und versprach, sofort ein Kabel an die zuständige Dienststelle zu schicken. Daß dies auch geschehen ist, läßt sich aus den Dokumenten des PUBLIC RECORD OFFICE in London ersehen.

Auch hier war der Prinz und keinesfalls René Leudesdorff unser Sprecher. Der Prinz war älter und gewandter als wir, und er verfügte über internationale Verbindungen. Welche Bedeutung unser Gespräch wirklich hatte, blieb unklar, jedenfalls erfolgte die Übergabe der offiziellen Freigabeerklärung durch Sir Ivone Kirkpatrick an Konrad Adenauer nur wenige Tage später.

Du glaubst also, daß eure Intervention in Kiel ein Auslöser für die endgültige Freigabe Helgolands war?

Das kann ich zwar nicht beweisen, kann es mir aber gut vorstellen! Diese Gespräche fanden am 19. Februar statt, und die Freigabeerklärung ist dann ja am 28. Februar 1951 erfolgt, die Freigabe selbst zum 1. März 1952.

Also war die Rolle der Helgoländer eine viel aktivere, als wir das in den bisherigen Dokumentationen lesen konnten?

Ja, ohne Zweifel! Wobei ich unser Engagement immer heruntergespielt habe, denn ich mußte uns zwischen Politik und Aktionen durchlavieren, aus Gründen, die ich bereits angesprochen habe.

Sowohl den Engländern als auch den Amerikanern ist denn wohl auch deine Drahtziehertätigkeit nicht entgangen. Du wurdest einmal zum Gouverneur vorgeladen, und da hat man dir ein überraschendes Angebot gemacht?

Die Engländer haben uns wahrscheinlich mehr überwacht, als wir damals glauben wollten. Der Gouverneur jedenfalls machte mir ein Angebot, mal für eine Jahr nach Amerika zu gehen. Ich habe das spontan abgelehnt, weil ich glaubte, daß man mich aus der Schußlinie ziehen wollte.

Also haben dir die Engländer, offensichtlich in Zusammenarbeit mit den Amerikaner, ein Stipendium in den USA angeboten, um dich aus dem Verkehr zu ziehen und damit einen Unruhestifter ruhigzustellen?

Das kann ich nicht beweisen!

Aber es liegt doch nahe?

Das ist eine andere Frage. Sie haben aber auch die Absage von mir richtig aufgefaßt, denn sie haben nicht negativ reagiert, sondern haben das – wie ich meine – eher anerkannt.

Das spricht für den Sportsgeist der Engländer. Vielleicht haben sie das auch mit einem heimlichen Schmunzeln gesehen, weil sich das Ende des Bombenspielplatzes Helgoland doch schon abzeichnete?

Zu der Zeit ja, deshalb mußte man der Entwicklung Raum geben und durfte nicht mit blindem Aktionismus wie ein Elefant im Porzellanladen die Dinge vorantreiben wollen.

Ich würde gern noch einmal auf diesen 19. Februar in Kiel zurückkommen, auf das Gespräch mit Brigadier Hume. Woher hattet ihr die Information einer geplanten kommunistischen Invasion, und kannst du dir vorstellen, daß das von Moskau gesteuert war?

Genaues weiß ich nicht, aber ich möchte das nicht ausschließen. Ich kann mich erinnern, daß ich in jener Zeit im Bahnhof Pinneberg mit einem jungen Mann zusammengesessen habe. Der kam aus St. Petersburg, damals Leningrad, und hatte dort irgendeinen Kursus mitgemacht. Er war Deutscher, war aber sicher ein Kontaktmann. Wir haben etwa zwei Stunden zusammengesessen, und ich habe noch nie so wenig geredet wie damals. In der Tat war es aber so, daß man mich durch die Blume wissen ließ, daß die Kommunisten bereits beim Helgoländer Untergrund angefragt hatten, ob die mit ihnen nach Helgoland gehen wollten. Die Helgoländer hatten aber Lunte gerochen und die Frager mit der Begründung hingehalten, sie müßten sich erst mal Rückendeckung verschaffen.

Dieser entscheidende Tag in Kiel war ja randvoll mit Begegnungen. Schon vormittags hattet ihr eine Besprechung mit Ministerpräsident Bartram und Innenminister Pagel. Habt ihr euch dort Rückendeckung geholt?

Das weniger, aber wir konnten und wollten unsere Landesregierung auch nicht übergehen. Bei diesen Gesprächen hat uns der Innenminister übrigens mit der Mitteilung überrascht, daß von Blanc entlassen worden sei, und er betonte gleichzeitig, daß man schon eine Gelegenheit finden werde, ihm eine Rehabilitation zuteil werden zu lassen.

Wer war von Blanc?

Adalbert von Blanc war der Kommandant der deutschen Minensucheinheiten (GMSA), die den Briten unterstellt waren. Der hatte den Befehl, die Invasoren zur Jahreswende 50/51 ans Festland zu holen, verweigert. Als Grund gab er an, bei den Kriegsverbrecherprozessen in Nürnberg gelernt zu haben, daß man Befehlen nur dann gehorchen solle, solange man sie mit seinem Gewissen vereinbaren könne. Von Blanc wurde entlassen, vor ein Kriegsgericht gestellt, fairerweise freigesprochen und war später Vizeadmiral der Bundesmarine.

Wenn du heute zurückblickst, wie würdest du in dieser Schlußphase die Aktivitäten von Leudesdorff und von Hatzfeld im Verhältnis zum Prinzen Hubertus zu Löwenstein einschätzen?

Ich bin natürlich weitgehend auf Schlußfolgerungen angewie-

sen, aber ich glaube, daß man alle drei sehen muß und ihr Tun auch gleichrangig einordnen sollte. Ich glaube nicht, daß der Prinz, wie vielfach negativ dargestellt, nur ein Reklameprinz gewesen ist. Er hat sich abführen lassen müssen, als er hier auf der Insel war, aber er hat das Gesetz des Handelns nicht anderen überlassen. Er hat schließlich die Übergabeverhandlungen geführt und unterschrieben, auch das darf man nicht zu gering einschätzen. Wenn Leudesdorff sagt, der Prinz habe nicht gewußt, wohin er wollte, dann sehe ich das anders. Ich glaube, daß er schon damals den Weg nach Europa ansteuerte.

Seine Witwe scheint über die Einschätzung Leudesdorffs und von Hatzfelds nicht sehr glücklich zu sein?

Die Trümmer des Leuchtturms.

Das kann man wohl sagen. Ich habe sie einige Male besucht und habe auch mit Larson, dem schwedischen Adlatus des Prinzen, gesprochen, als der vor einigen Jahren hier auf Helgoland war. Man muß schon dem Engagement des Prinzen gerecht werden, aber ein Sieg hat eben viele Väter.

Mir ist es ganz egal, wer als Erster hier gewesen ist. Wenn die Studenten die Insel besetzten und dann plötzlich Angst vor der eigenen Courage bekamen, dann kann ich das sehr gut nachvollziehen. Trotzdem haben sie die Welt wieder auf Helgoland aufmerksam gemacht und dafür gesorgt, das die Frage Helgoland, so wurde sie damals genannt, auch wirklich kochte. Es war also letztlich ein großartiges Zusammenspiel von vielen Kräften. Auch die Helgoländer haben es durchgestanden, trotz divergierender Auffassungen. Selbst da gab es viele Möglichkeiten, alles noch in die falsche Richtung zu lenken. Aber wir dürfen auch nicht vergessen, daß wir allein möglicherweise nichts geworden wären, wenn wir nicht von so vielen Seiten Hilfe bekommen hätten. Ich habe mir vor einigen Tagen eine Videoaufnahme vom Besuch des früheren Bundeskanzlers Erhard 1965 auf Helgoland angesehen. Da habe ich mich bedankt bei den vielen Institutionen und bei allen Deutschen, die zur Freigabe beigetragen haben. Ich tue das 35 Jahre später noch genau so. Dies gilt auch für viele Ausländer, für die Friesen in Amerika und beispielsweise für Prof. Savory, der sich in London als Mitglied des Parlaments für uns stark gemacht hat. Auch den Medien müssen wir für ihr Eintreten für Helgoland dankbar sein.

Bundeskanzler Ludwig Erhard kam 1965 nach Helgoland. Anlaß: »Helgoland – 75 Jahre deutsch«. Links Bürgervorsteher Peter H. Botter, rechts Bürgermeister H.P. Rickmers.

Im übrigen glaube ich, daß die allgemeine politische Situation reif war für eine positive Entscheidung. Allerdings wäre aller Einsatz umsonst gewesen, wenn die Helgoländer den Glauben und den Willen, ein neues Helgoland zu schaffen, nicht am Leben gehalten hätten.

Die Ereignisse überschlugen sich zwischen den Jahren 1951 und

1952, und dann kam ja der entscheidende Tag der Freigabe, der 1. März 1952. Wie hast du den eigentlich persönlich empfunden?

Als strahlenden Sieg für die Menschenrechte und für die Helgoländer. Nun ging für uns das Leben weiter. Aber ich will mal ein wenig zurückgreifen. Ich habe ja Helgoland einige Male vor der Freigabe besucht, mal mit offizieller Genehmigung der Engländer und mal ohne, und wußte also, wie die Insel aussah. Nach der Sprengung habe ich, wie wir Helgoländer alle, ehrlich an die Möglichkeit des Wiederaufbaus geglaubt. Insofern ist die Sprengung 1947 bei uns so etwas wie ein auslösender Faktor gewesen. Bis dahin wußte man nichts, und man mußte ja auch damit rechnen, daß nach diesem »BIG BANG« das Leben auf Helgoland nie wiederkehren würde. Solche Stimmen gab es mehr als genug.

Wir sollten noch ein paar Worte über die Sprengung verlieren. Es liegt ja die Vermutung nahe, daß die Engländer den Austausch Helgolands gegen das Protektorat über Sansibar und deutsche Kolonialgebiete in Suaheliland und Uganda im nachhinein als Fehler betrachteten und sie sich nun mit einer totalen Sprengung des Problems Helgoland entledigen wollten?

Obwohl die Engländer diese Absicht vehement bestreiten: Bei allen Emotionen, die da mit im Spiel waren, bleibt die Tatsache, daß der BIG BANG die größte nichtnukleare Sprengung war, die jemals von Menschenhand ausgelöst wurde. Wie das dann aussah beschreibt ein Zeitzeuge, der Bremer Ingenieur Heinrich Bunje:

»... Ich konnte den Vorgang an Bord unseres Wohnschiffes, das 10 Meilen in See hinausgeschleppt wurde, gut beobachten. Wir lagen dort mit einer großen Zahl englischer Kriegsschiffe und Schiffen mit Zuschauern und Presseleuten. Flieger schwirrten herum. Die Zündung war auf drei Wegen vorbereitet. Drahtlos, durch ein zum Sprengschiff verlegtes Seekabel und durch Zeituhren. Zentrale auf der Insel war der Flak-Turm auf dem Oberland. Da die draht-

BIG BANG – die große Sprengung am 18. April 1947.

lose Zündung versagte, trat die Kabelzündung in Tätigkeit, pünktlich um 13 Uhr. Man sah deutlich riesige Stichflammen nach allen Richtungen hervorbrechen, dann verschwand die Insel in einer den ganzen Horizont bedeckenden Rauch- und Staubwolke, aus der ein Rauchpilz von etwa 4 000 m Höhe hervorschoß. Jedermann war der Ansicht, daß von der Insel nichts mehr übriggeblieben sein könnte. Jedoch nach etwa 20 Minuten verzog sich der Qualm, und deutlich kam die Lange Anna in Sicht, nach und nach die ganze Insel. Allgemeines Triumphgeschrei!«

Durch die Sprengung war die Südspitze zusammengebrochen, und auch die Nordspitze war zusammengefallen. Das Mittelland entstand. Trotz des Substanzverlustes – ca. 7 Hektar der 50 Hektar großen Gesamtfläche der Insel gingen verloren – blieb Helgoland in seinem Kernbestand erhalten.

Ich muß jetzt mal ganz weit vorgreifen. Wir haben gemeinsam im April 1997 die 50-Jahre-Gedenkfeier an den BIG BANG auf Helgoland miterlebt, und ich war sehr enttäuscht über die Reden, die dort gehalten wurden. Da war nur selbstmitleidiges Gejammere über die Beschwernisse der damaligen Zeit zu hören. Ich meine, daß das ein ganz falscher Denkansatz gewesen ist. Hätte man nicht vielmehr – vor allem mit dem Wissen von heute – den BIG BANG als einen Paukenschlag, als ein Signal an die Welt begreifen müssen? Als ein Signal, das da lautete: »Seht her, ich habe das überstanden, habe überlebt, und ab jetzt kann es nur noch aufwärts gehen«?

Helgolands Fischereischutzhafen vor und nach der Zerstörung.

Das wäre sicher ein vernünftiger Ansatzpunkt gewesen. Schließlich – und heute wissen wir das – hat diese Sprengung, bei der ja nicht so viel kaputtging, wie die Engländer erwartet hatten, die Welt erst auf das »Problem Helgoland« aufmerksam gemacht. Der BIG BANG hatte für uns eine positive Signalwirkung, auch wenn uns die Explosion die Tränen in die Augen trieb. Erst das weltweite Presseecho hat uns gezeigt, daß der Schuß für die Engländer nach hinten losgegangen war. Die Insel hatte überstanden, und nun glaubten viele Helgoländer, auch ich, erst recht an die Freigabe.

Das neue Helgoland

Haben wir im ersten Teil von der Geschichte Helgolands gesprochen, dann von der Freigabe nach Sprengung, Bombardierung und Invasion, so wollen wir uns jetzt dem Wiederaufbau widmen. Aber auch das geht nicht ohne einen geschichtlichen Rückblick. Wir müssen die Rolle Helgolands als Seebad vor dem Ersten Weltkrieg noch einmal ansprechen, und da spielt Jacob Siemens eine ganz entscheidende Rolle.

Ja, Jacob Andresen Siemens, Schiffszimmermann, Ratsherr und Lehrherr des späteren Werft- und Reedereigründers Rickmers, war 1826 der eigentliche Gründer des Seebades. Nach den Jahren der Kontinentalsperre und den Veränderungen auf See war ja hier Heulen und Zähneklappern angesagt. In jener Zeit sind viele Tüchtige von hier weggegangen. Siemens ist hiergeblieben. Natürlich gab es Probleme, wie man sie auch heute wieder hat. Es gibt immer Leute, die glauben an das Althergebrachte, und es gibt immer Leute, die leben mit dem Fortschritt. Ich meine auch, daß man sich dem Fortschritt nicht entziehen darf. Jacob Andresen Siemens setzte also auf

Helgoland als Seebad und wurde erfolgreicher Gründer einer Aktiengesellschaft. Er wurde aber durch die Schwerfälligkeit und Halsstarrigkeit mancher Helgoländer auch behindert. Da behaupten nun manche Leute, Siemens seinerseits sei halsstarrig gewesen, dem

Nach der Freigabe 1952: Helgoland – endlich wieder in Sicht!

kann ich mich jedoch nicht anschießen. Jacob Andresen Siemens hat viele Schwierigkeiten überwunden, und deshalb wird er heute zu Recht verehrt. Leider ist er zu früh gestorben, an der Cholera, während einer Reise nach England. Die hatte er unternommen, um für Helgoland zu werben.

Die Umsetzung des Seebädergedankens nahm aber etliche Jahre in Anspruch. Die Insel hatte mit der Beendigung der Kontinentalsperre ihre strategische Bedeutung für Großbritannien verloren. Englands Außenpolitik wandte sich anderen Zielen zu. Erst als die Verfassung der Kronkolonie Helgoland 1864 reformiert wurde, konnte der Gouverneur als direkter Vertreter der Königin praktisch uneingeschränkt regieren.

Daß Siemens' Idee Früchte getragen hat, verdanken wir nicht zuletzt dem britischen Gouverneur Sir Henry Fitzgerald Maxse, der hier von 1863 bis 1881 amtierte. Dem ist es in erster Linie zuzumessen, daß das Seebad aufblühte. So setzte er seine Machtbefugnisse beispielsweise dafür ein, Grundstücke – Kronengrund – auf dem damals noch kaum bebauten und hochwassergefährdeten Unterland an fortschrittlich denkende Helgoländer abzugeben, damit sie dort Gästehäuser errichten konnten. Ich meine, daß es eigentlich vier Persönlichkeiten waren, die das Seebad zum Erfolg brachten: Der britische Gouverneur Maxse, dessen Frau, Österreicherin und Burgschauspielerin, der holländische Arzt und Kurdirektor von Aschen, der den Kontakt zu den europäischen Höfen pflegte, und der aus Pritzwalk stammende Heinrich Gätke. Der hatte als Kunstmaler einen guten Ruf, mußte – weil er eine Helgoländerin geschwängert hatte – auf der Insel bleiben, entwickelte eine große Leidenschaft für die Ornithologie und hat dem Gouverneur viele Jahre als »Clerk« gedient. Außerdem gehörten natürlich auch jene Helgoländer dazu, die mit ihrem Bettenangebot oder auch durch die Bereitstellung ihrer Boote die Voraussetzungen für ein Seebad erst schufen.

Helgoland von der Düne aus gesehen, 1893. Würde die Insel wieder an die alte Seebad-Tradition anknüpfen können?

Sir Maxses Tick war ein Theater für Helgoland, und so machte er Karl Friedrich Wittmann zum Leiter der Bühne. Damit war bereits internationales Flair verankert, und in dieser Zeit blühte Helgoland auf. Wir hatten ein eigenes Theater und galten etwas in der Kulturszene. Hier spielten Josef Kainz, Max Devrient und Else Lehmann. Das Ganze hatte schon einen internationalen Anstrich: Eine britische Insel mit einer im Grunde deutschstämmigen Bevölkerung und überwiegend Gästen aus dem deutschsprachigen Raum – ein vorweggenommenes Europa!

Dies war die Vision eines Helgolands, wie sie euch 1952 vorschwebte. Nun war aber nichts mehr da, nur Trümmer und zunächst keine Möglichkeit, an diese Vision anzuknüpfen. Dann etablierte sich der Helgolandausschuß, der entscheiden mußte, wie es weitergeht. Was war das für eine Instanz?

Mit dem Hapag-Schiff »Vorwärts« fuhren viele Helgoländer vor der Freigabe im September 1951 zur Insel, durften jedoch nicht an Land. Mit Motorbooten fuhren sie die Küste ab.

Der Helgolandausschuß mußte gebildet werden, weil wir eine Vertretung brauchten. Wir mußten uns ja langsam vom Kreis freischaffen. Helgoland existierte zwar wieder, aber Helgoland konnte nach der Gemeindeordnung erst wieder eine Gemeinde bilden, wenn auch Gemeindebürger hier waren. Das dauerte aber noch einige Jahre. Also mußten wir die Zeit nutzen, mußten uns etwas einfallen lassen. Da wir noch nicht wählen konnten, mußte ein Ersatz her. So hat man dann die Helgoländer Vereinigungen damit beauftragt, einen Helgolandausschuß zu wählen. Dieser Helgolandausschuß wurde am 13. Juni 1951 durch den Innenminister des Landes Schleswig-Holstein ins Leben gerufen. Gleichzeitig wählte er seinen Vertrauensmann, und das wurde ich.

Es gab auch ein Helgolandregister. Wurde das ebenfalls von dir geführt?

Ja, das war eine der ersten Maßnahmen des Helgoland-Büros, nämlich die Helgoländer wieder zu erfassen. Manch einer mag das als eine einfache Strichliste angesehen haben, doch so einfach war es keineswegs. Wenn einer verbindlich erklärte, er wolle wieder nach Helgoland gehen, dann galt er mit seiner Registrierung ab sofort als Bürger Helgolands, auch wenn er erst nach dem Wiederaufbau – unter Umständen nach mehreren Jahren – auf die Insel übersiedeln konnte. Er verlor damit an seinen derzeitigen Wohnort bürgerliche Rechte wie z. B. das Wahlrecht bei Kommunalwahlen.

Du warst als Helgolandbeauftragter der Vertrauensmann der Helgoländer und gleichzeitig auch der Kontaktmann zum Innenminister. Hattest du auch schon Kompetenzen, oder warst du nur auf deine eigene Initiative und den guten Willen von anderen angewiesen?

Nach der Freigabe 1952: Die Helgoländer betreten erstmals wieder ihre Insel.
Foto: F. Schensky.

Nicht nur, ich hatte schon Kompetenzen, aber die eigentlichen Kompetenzen lagen beim Helgolandausschuß. Der hatte die Kompetenzen wie sie etwa eine Gemeindevertretung hat. Für die wesentlichen Dinge wie Aufbauplanung, Enttrümmerung und Sicherheitsräumungen mußten ja Entscheidungen getroffen werden.

Und die Helgolandstiftung, was hat die eigentlich damals für eine Rolle gespielt? Wie ist sie entstanden? Was konnte sie bewirken?

Die Helgolandstiftung hätte etwas bewirken können. Sie ist groß angeschoben worden, und der Schirmherr war der Bundespräsident. Sie hat auch etwa eine Million Mark aufgebracht, ohne Fernsehunterstützung war das damals sehr viel. Aber wir haben aus der Helgolandstiftung lernen müssen, daß für den gesamten Wiederaufbau die Ebene des Kreises nicht ausreichte. Diese Erkenntnis hat letzten Endes dazu geführt, daß die Helgoland-Aufbau GmbH gegründet wurde, und das war schon etwas, was man heute eine schlanke Verwaltung nennen würde.

Helgoland-Aufbau GmbH: War das nun ein staatliches Gebilde oder eine privatwirtschaftliche Vereinigung?

Das war eine privatwirtschaftliche Vereinigung. Eine GmbH mit zwanzig Anteilen. Daran hatte der Bund ein Dutzend Anteile, weil nicht nur der Wiederaufbau zu finanzieren war, der Bund ist ja in vielfältiger Weise auf Helgoland unmittelbar beteiligt. Eine Besonderheit ist zum Beispiel, daß nur Helgoland ringsherum von Hoheitsgrenzen umgeben ist. Das gibt es in ganz Deutschland nicht noch einmal. Der Bund war auch zuständig für die Biologische Anstalt, die Wasser- und Schiffahrtsverwaltung inklusive Befeuerung und Seezeichen, den Zoll, die Post und manches mehr.

Der Bund beherrschte auch den größten Teil der Immobilien und hatte daher zwölf Anteile, das Land hatte fünf, der Kreis zwei, und die Gemeinde hatte einen Anteil an der GmbH.

Wegen der Außergewöhnlichkeit dieser Konstruktion sollten wir hier einmal Dr. Eberhard Laux zu Wort kommen lassen. Der Honorar-Professor und zeitweilige Geschäftsführer der Helgoland-Aufbau GmbH hat über diese Gesellschaft einmal gesagt:

Erinnerung an das alte Helgoland.
Foto: F. Schensky.

»Wieder war Helgoland ein Modellfall: Mit der üblichen Form behördlicher, oft zu langsamer und schwerfälliger Koordinierung konnte man so ein schwieriges Vorhaben, noch dazu unter den Bedingungen der Insellage, nicht koordinieren. Der eingeschlagene Weg war außergewöhnlich, und die juristische Formulierung des Zwecks der Gesellschaft läßt nur ahnen, was tatsächlich dahinterstand:

›Die gemeinnützige Tätigkeit der Gesellschaft ist ausschließlich und unmittelbar darauf gerichtet, die Planung von Insel und Düne Helgoland zusammenzufassen und die technischen, verwaltungsmäßigen und finanziellen Maßnahmen zur Durchführung der Pläne zu lenken und aufeinander abzustimmen.‹

Eine Planungsgesellschaft also, die zugleich über die Verwendung der vom Bund bereitgestellten Gelder (sog. Bundesfinanzhilfe) zu wachen hatte. Nur mit dieser Gesellschaft war es möglich, das fachliche Know-how zusammenzufassen, das für den Aufbau notwendig war. (...) Vor allen Dingen aber konnte man den Hauptgeldgeber, den Bund, unmittelbar mit dem Aufbaugeschehen verknüpfen.

Aber das konnten nur Hilfen für die Tätigkeit der kommunalen Organe sein. Die neue Gemeindevertretung stand vor einer Verantwortung, wie sie kaum je von einer so kleinen Gemeinde getragen wurde. Die vielfältigen Interessen der Bürger, das Zusammenleben von Einrichtungen des Bundes und der Länder mit der Gemeinde, die ungewöhnlich hohen Investitionsprobleme mußten ständig im Auge behalten und gelöst werden. Wer nur etwas von Koordinierungsfragen bei Planung und Ausführung versteht, kann sich

Vor den alten Helgoländer Häusern durfte die Regentonne nicht fehlen: die einzige Süßwasserquelle.

unschwer ein Bild von den täglichen Problemen einer solchen ›Symbiose‹ machen. Eine Gemeindevertretung von rund 2600 Einwohnern, davon etwa 500 Mitarbeiter von Bundes- und Landesdienststellen mit ihren Familienangehörigen, das ist nicht eine intellektuelle Elite, die sich einer ungewöhnlichen Sache verschrieben hat, sondern das sind gewählte Vertreter aus der Reihe von kleineren Kaufleuten, Gastronomen, Hoteliers, von Menschen, die mit Transport zu tun haben, oder von Arbeitern in den zahlreichen öffentlichen Einrichtungen. Sie mußten mit allen Problemen fertig werden, z. B. mit dem Strukturwandel im Fremdenverkehr, der stärkeren Forschungstätigkeit der öffentlichen Hand auf der Insel, den sich immer wiederholenden Eingriffen der Natur, dem Ausbau der Freizeiteinrichtungen für den anspruchsvoller gewordenen Bundesbürger oder den anwachsenden Kosten des Transportes vom und zum Festland, um nur einiges aus der Zeit nach dem Aufbau zu nennen. Die Investitionen gehen weit über das übliche Maß hinaus. (...)

Helgoland hat auch einen beamteten Bürgermeister und eine hauptamtliche Verwaltung. Auch das ist nicht üblich. Gemeinden solcher Größenordnungen gehören auf dem Festland häufig zu Gemeindeverbänden. Fangen wir bei der Verwaltung an: Wo kommen die Fachleute her? Die Helgoländer selbst sind ungern ›Bürokraten‹. Das Fachpersonal kommt meist vom Festland, oft nur für kurze Zeit. Für normales Geld kommt fast niemand. Der Sommer ist kurz; wer Familie hat, steht vor schwierigen Überlegungen allein wegen der Schulfragen; Helgoland hat schließlich kein Gymnasium. Hier fangen die Verwaltungsprobleme an. Aber beim Bürgermeister konzentrieren sie sich. Er soll eigentlich alles bewegen: Die Bürger zufrieden halten, die Kurgäste betreuen – unterstützt vom Kurdirektor –, die verschiedenen Dienststellen auf der Insel koordinieren. Ein großer Teil der Arbeit kann nur auf dem Festland erledigt werden. Da sind die zahlreichen Werbemaßnahmen einzuleiten und durchzuführen. Schließlich muß Helgoland im Bewußtsein der Bundesbevölkerung leben. Da muß man alte Verbindungen pflegen, präsent sein bei großen Veranstaltungen. Das viele Geld muß besorgt werden ; das bedingt zahlreiche Verhandlungen mit Aufsichtsbehörden. In allem muß man der Motor bleiben.

Für Helgoland ist es eine gute Fügung, daß H. P. Rickmers, ein Insulaner aus alten Helgoländer Familien, seit 1952 dabei ist. (...) Gelernter Jurist, aber tatsächlich ein ›Verwaltungsmanager‹ mit Herz für sein Amt.

Verwaltung auf Helgoland, das ist viel untypischer als auf Sylt, Amrum, Baltrum oder Norderney, das bedeutet fast familiäre Nähe zu jedem Bewohner und gleichzeitig einen intensiven Kontakt zur ›Weiten Welt‹. Man muß alles im Detail kennen und trotzdem Distanz halten, um entscheiden zu können. Das ist eine andere Art der öffentlichen Verwaltung als üblich, wo man letztlich von ihr nicht viel wissen will und sie als lästiges Übel betrachtet.«

Dieser Einschätzung von Prof. Laux ist nichts hinzuzufügen. Aber noch einmal zur Helgoland-Aufbau GmbH. Die Gemeinde hatte demnach den kleinsten Anteil. Der Bund hätte, wenn das gewollt gewesen wäre, anordnen können, was hier zu geschehen hatte. Dennoch gab es einen Ideenwettbewerb, der letzten Endes das neue Gesicht Helgolands bestimmen sollte.

Ja, dieser Ideenwettbewerb ist von der technischen Kommission der Helgoland-Aufbau GmbH initiiert worden. Federführend war Prof. Dr. Bartning, ihm zur Seite stand der Geschäftsführer der Helgoland-Aufbau GmbH, Dr. Kluge. Der war früher Finanzminister in Sachsen und saß – in jenen Jahren – als Ministerialdirigent a. D. im Bundesfinanzministerium. Dieser Männer haben, meiner Meinung nach, an erster Stelle dazu beigetragen, daß alles so flott über die Bühne ging.

Dieser Ideenwettbewerb war doch etwas völlig Neues? Dafür gab es auch keine Vorbilder. Helgoland sollte nun auf eine völlig andere Art und Weise wieder erstehen, als es historisch gewachsen war?

Auf völlig andere Weise ist nicht ganz richtig. Wir haben uns sehr streng an das alte Bild Helgolands gehalten, haben dabei aber versucht, hier etwas neu zu machen und dort etwas zu verbessern. Das läßt sich auch leicht beweisen: Die Brücke ist an der alten Stelle, die Kaiserstraße, jetzt »Lung Wai«, ist an der alten Stelle, der Fahrstuhl zum Oberland und die meisten Straßen auch. Ebenso die Kurpromenade, der Falm und auch die Kirche sind an der alten Stelle.

Ein Rathaus haben wir früher nicht gehabt, vielleicht weil hier immer Soldaten waren, die bestimmten.

Schlanke Verwaltung hast du gesagt, aber die schlanke Verwaltung mußte in Provisorien leben. War dieses Provisorium schon hier auf der Insel oder noch auf dem Festland?

Die Helgoland-Aufbau GmbH war auch mal hier, hat aber meistens in Kiel getagt. Ich hatte damals als Vertreter der Helgoländer die Möglichkeit, mit am runden Tisch bei den Vertretern des Bundes zu sitzen und die Dinge zu beurteilen. Ich muß anerkennen, daß Dr. Kluge und Prof. Dr. Bartning – soweit ich mich erinnere – Persönlichkeiten waren, die über den Dingen standen. Die haben nicht nach Anteilen entschieden, sondern ließen sich durchaus beraten und haben insofern viel mehr tun können für Helgoland als mancher Helgoländer, ohne sich selbst in den Vordergrund zu spielen.

Ihr konntet also eigene Ideen einbringen, auch was die Architektur anging? Hast du an dieser Stelle Spengelin ins Gespräch gebracht, oder war er das selbst?

Nein, der hat sich selbst ins Gespräch gebracht. Ich habe ihn aber vorher gekannt, weil sein Großvater hier mal Inselkommandant war. Zu dessen neunzigstem Geburtstag war ich bei ihm und habe dort die Spengelins kennengelernt. Aber Spengelin war nicht Mitglied der technischen Kommission, er war einer der Architekten, die sich mit Erfolg am Ideenwettbewerb beteiligt haben.

Dann hat er entscheidend das neue Gesicht Helgolands mitgestaltet?

Ja! Natürlich mit anderen Architekten zusammen, wie Nissen, Wellhausen und andere.

Hat sich während der Bauphase zwischen euch ein persönliches Verhältnis ergeben?

Absolut, und wir schreiben uns noch jedes Jahr. Im übrigen hat er ja auch unser Haus gebaut.

Die Trümmerräumung war angesichts der vielen Bomben-Blindgänger ein höchst gefährliches Unterfangen. Unten die Reste der Bäckerei Geßl.

Du konntest deine Frau ja zunächst nicht mit auf die Insel nehmen, die war während des Wiederaufbaus für weibliche Wesen tabu. Warum eigentlich?

Aus Sicherheitsgründen. So kann nur einer fragen, der nicht gesehen hat, wie Helgoland damals aussah. Das läßt sich heute auch kaum noch beschreiben. Wir haben 1952 mit 43 Personen den Jahreswechsel hier verbracht und mußten uns entscheiden, wo wir Weihnachten und Silvester feiern wollten. Weil wir kein anderes Lokal hatten, mußte es das auf der Düne sein. Dort hinzukommen war schon abenteuerlich, denn der Weg führte durch ungeräumtes Gebiet. Wir, die wir Kriegserfahrung hatten, teilten die Leute in vier Gruppen ein, die sich vorsichtig hintereinander vorantasteten. Kurioserweise wurde jede der vier Gruppen von einem Henry angeführt, Henry Krüss, Henry Tönnis, ich selbst und noch ein Henry. Als die vier Kolonnen, immer einer in den Fußstapfen des anderen, am Dünenrestaurant ankamen, hatten alle Henrys in beiden Händen Tellerminen. Nur durch solche Vorsichtsmaßnahmen ist uns nichts passiert.

Die Leute mußten auch täglich mit Sack und Pack von der Baracke Südhafen zur Nord-Ost-Baracke, um dort zu übernachten. Alles über nicht vorhandene Wege und überall hervorstehende Moniereisen. Das weiß heute kaum noch jemand, und auch wir selbst mögen es kaum noch glauben.

Das hätte ja auch leicht mal schiefgehen können. Wann sind denn überhaupt wieder die ersten Frauen auf Helgoland erschienen?

Die sind ganz von selbst eingesickert. Man brauchte nämlich in der Kantine eine Frau, die bediente, und beim Wasser- und Schiffahrtsamt auch. Ohne Frauen geht es auf Dauer nicht. In der ersten, sehr schwierigen Phase mußte man das Verbot aber einhalten.

Die ganze Aufbauzeit steckte ja voller Probleme. Etwas was

Zwei bundeseigene Trümmergrundstücke: links das ehemalige Postgebäude, hinten rechts die Biologische Anstalt.

man auf dem Festland gar nicht nachvollziehen konnte, war die Tatsache, daß wir zunächst völlig ohne unsere Geschichte lebten. Als die ersten Häuser standen, da waren es zwar unsere neuen Häuser, und wir waren auch froh, wieder Unterkunft zu haben, aber alle Gegenstände, Erinnerungsstücke, alles, was sich über einige hundert Jahre hier so angesammelt hatte, das war ja nicht mehr da. Diese Zeit der Leere, wirklich der Leere, zu überwinden, war eine der Schwierigkeiten des Neuanfangs.

Ein anderes Problem waren die sogenannten Grundsatzbeschlüsse, die eine andere Struktur verlangten. Wie konnte das geregelt werden?

Du meinst die Folgen der Sprengung? Tatsächlich ist ja die Insel durch die Sprengung in ihrer Struktur wesentlich verändert worden. Wir hatten ja nun das Mittelland. Dort war vorher ein Lazarett und eine Munitionslagerstätte. Da ist die Sprengung durchgeschlagen. In der ersten Zeit war der höchste Punkt der Insel ungefähr die Stelle, wo jetzt die Signalstation steht, und von da fiel es kegelförmig ab bis zur Brückenspitze. Das mußte erst alles geräumt werden, wegen der Blindgänger auch sicherheitsgeräumt.

Zwei Dinge werden viel zu selten erwähnt: Einmal die Frage der Umlegung, die Neuverteilung der Grundstücke, darauf komme ich gleich noch mal zurück. Zum anderen die Sicherheitsräumung. Beides Dinge, die hervorragend gelöst worden sind, und das war gar nicht so einfach. Da schmerzt es manchmal, wenn das heute als selbstverständlich hingenommen wird und die Leute, die das geschafft haben, in Vergessenheit geraten.

Da war die Frage: Was machen wir eigentlich mit den Trümmern? Wir hätten das Unterland vergrößern können, das durften wir aber nicht tun, weil das gegen die Natur ging. Darunter liegt ja Felsen, und das Wasser hätte die Aufschüttung wieder abgetragen. Folglich hat man einen sehr wesentlichen Entschluß gefaßt, der jedoch von der Mehrzahl gar nicht wahrgenommen wurde: Man nutzte die Trümmer, um das Unterland höher zu legen. Das hat uns in jüngster Vergangenheit schon mehrmals sehr geholfen. Besonders bei den Sturmfluten 1962 und 1970 haben wir das gemerkt. Früher stand das Unterland bei jeder Sturmflut zur Hälfte unter Wasser, deswegen gab es ja damals auch noch die vielen Treppen. Inzwischen haben wir den höchsten Wasserstand unserer Geschichte gemessen, aber der ist auch nicht höher als bis zur Kurpromenade aufgelaufen, also nicht einmal bis zu unserer Türschwelle.

Aber diese neuen Strukturen hatten doch auch zur Folge, daß jemand, der ein bestimmtes Grundstück besaß, das nicht unbedingt wiederbekommen konnte, weil es das Grundstück so nicht mehr gab?

Ja, das betrifft die Frage der Umlegung, ich wollte ja noch einmal darauf zurückkommen. Das hat ein Herr Röcke gemacht, ehe-

1954: Die ersten Versuchshäuser an der Bremer Straße sind fertiggestellt.

mals Amtsgerichtsrat aus Pinneberg. Der war vor dem Krieg der für Helgoland zuständige Grundbuchrichter, war also schon mit den Helgoländer Verhältnissen vertraut, und das war entscheidend.

Die Schwierigkeiten bei der Neuverteilung der Grundstücke waren ja erst durch die Strukturveränderung entstanden. Da wurde das Krankenhaus aus dem Unterland weggenommen, um Flächen für den Wohnungsbau zu schaffen, ebenso verlagerten wir das Schwimmbad. Das Krankenhaus liegt heute in der Mulde, das Schwimmbad hat nun seinen Platz auf dem ab 1937 entstandenen Nord-Ost-Gelände, und das Theater gibt es überhaupt nicht mehr. Auf diese Weise ist es einigermaßen gelungen, die Grundstücksinteressen zu befriedigen. Dazu muß man wissen, daß auf Helgoland bei solchen Abwicklungen ein Handschlag genügte und daß man, was das Kataster anging, auf frühere Unterlagen zurückgreifen konnte. Das war zwar nicht immer einfach, aber dem Herrn Röcke

Zeltrestaurant
bei Plum

ist es gelungen, diese Dinge zu regeln. Wir hatten 649 Umlegungsfälle und in 647 Fällen klappte es auf dem Wege gütlicher Vereinbarungen. Die zwei anderen sind auch noch vorzeitig – zwar auf dem Klagewege, aber auf gütliche Weise – abgeschlossen worden. Das ist ein hervorragendes Ergebnis, und es spricht für den, der diese Maßnahmen durchgeführt hat. Es spricht aber auch für die Helgoländer. Die hatten zwar kein Geld, wollten aber zurück und haben so manches zurechtgebogen, wozu man heute gar nicht mehr in der Lage wäre.

Welche Rolle hast du dabei gespielt? Röcke hat zwar die neue Struktur umgesetzt, aber du mußtest doch manches Mal vermittelnd eingreifen?

Manchmal schon, aber der Bebauungsplan hatte nun mal Priorität. Was Röcke machte, gab dem Ganzen ein neues Gesicht bei der privaten Grundstücksverteilung. Da sind auch Dinge bereinigt worden, die man langfristig sehen muß. Wir sprachen schon von der Kontinentalsperre. Zu jener Zeit war das Unterland noch nicht besiedelt, das war Kronengrund, viele hatten hier unten ihr kleines Anwesen. Mein alter Herr zum Beispiel hatte dreizehn Grundstücke auf dem Unterland. Er verteilte sie gleich so, daß jeder zu seinem Recht kam. Andere, ich denke da an zwei Schwestern meines Vaters, die unverheiratet und kinderlos waren – damals schon 80 Jahre alt – sind gar nicht zurückgekommen. Und da lag das eigentliche Problem des Herrn Röcke, das sinnvoll zu vergeben. Einer wollte vorn wieder ein Hotel bauen, andere wollten nicht mehr bauen wegen ihres Alters, und so konnten die Dinge den aktuellen Anforderungen entsprechend geregelt werden. Das zweite, das so leicht der Vergessenheit anheimfällt, war die Sicherheitsräumung. Auch da muß man anerkennen, daß die Munitionsräumer sehr gut gearbeitet haben. Das war ja nicht so einfach, denn wir hatten hier Tausende von Bombenblindgängern liegen. Man konnte hier auch

Links:
Provisorische Versorung im Zelt-Restaurant.
Oben: 1953, unten: 1956.

nicht so einfach das tun, was man auf dem Festland tat, nämlich weiträumig absperren. Bei einer 500-Pfund-Bombe wären das, pro Pfund ein Meter, 500 Meter gewesen, dazu war die Insel viel zu klein, und wir wären nie fertig geworden. So hat man dann mit Strohballenwänden gearbeitet. Die Versuchshäuser entstanden ja schon 1954, die Hummerbuden standen, der Binnenhafen war zwar nur ein Tümpel, aber das alles haben wir mit Strohballen schützen können, und es ist gutgegangen. Für uns Helgoländer war das problemloser, uns trieb der Gedanke, wieder in Gang zu kommen. Bewunderung aber verdienen die vielen Leute von der Post und vom Zoll. Die machten das alles klaglos mit, obwohl sie nur vorübergehend hier lebten.

Wiederaufbau, neue Strukturen, das war die eine Seite, Blindgänger und Minenräumung die andere. Aber das mußte alles noch ohne Touristen passieren, andererseits konnte Helgoland ohne Touristen nicht leben. Wann durften denn die ersten Besucher wieder auf die Insel kommen und unter welchen Voraussetzungen?

Wer keine Genehmigung hatte, der durfte erst ab 1956 nach Helgoland kommen. Zu der Zeit haben wir auch das erste Fremdenzimmer auf der Insel wieder eröffnet. Wir mußten jedoch sofort wieder auf die Beine kommen, und so konnten wir schon am 12. Juni 1952 den Seebäderdienst wieder aufnehmen. Der spielte sich allerdings ausschließlich auf der Düne ab, aber er war unverzichtbar. Zwar hatten wir im ersten Jahr nur 14 500 Gäste, aber die Hamburger bauten schon in den ersten Jahren nach der Freigabe das erste Schiff, und dadurch ging es auch relativ schnell los. Das mußte auch schnell gehen, denn uns Helgoländern lief die Zeit weg, wir konnten es uns nicht leisten, zehn Jahre Stillstand zu haben.

Wie lange hat es denn gedauert, bis sich der Dünentourismus wieder eingespielt hatte?

Das war nur eine sehr kurze Zeit. Ich bin einfach zum damali-

So sah der Einkaufsbummel in der allerersten Zeit aus. Blick von Südosten in den »Lung Wai«, 1956.

gen Direktor der HADAG in Hamburg gegangen. Herbert Spiesen war das, und habe den gefragt, ob die HADAG nicht ein Schiff bauen könnte. Er hat mich für verrückt erklärt, mit dem Argument: »Ihr könnt nicht einmal Gäste unterbringen, und wir sollen ein Schiff bauen?«

Weil er ja recht hatte, bin ich dann nach Kassel gefahren zur Firma Salzmann. Die hatten damals bereits in Scharbeutz eine Zeltstadt gebaut. Weil ich dafür keine Deckung im Haushalt hatte, mußte ich mir auch noch Vorwürfe anhören. Aber im folgenden Jahr konnten wir immerhin mehr als 700 Gäste unterbringen.

In Zelten?

Zwar in Zelten, aber in besonders für diesen Zweck entwickelten Leinwandvillen. Heutzutage würde man das nicht mehr machen können, damals ging so etwas. Auch Spiesen hatte sich durchsetzen können, und so verkehrte zuerst die umgebaute »Bürgermeister Ross«, und dann kam der erste Neubau, die »Wappen von Hamburg«. Einige Jahre später sind es auch schon mal 200 000 Gäste gewesen, die hier rüber kamen.

Als die Seebäderschiffe wieder fuhren, konnten sie natürlich nicht anlegen, sondern es mußte – wie früher – ausgebootet und eingebootet werden. Wie kam die Börte denn wieder in Gang, es gab doch die alten Boote nicht mehr?

Die Börteboote sind ja nicht nur für die Börte, sondern auch für die Fischerei eingesetzt worden. Damit verdienten sich viele Helgoländer ihr Brot. Während der Zeit, als sie nicht auf der Insel lebten, betrieben sie von der Küste aus Hummerfang und Fischerei. Als 1956 die Brücke wieder fertig war und man einen Börtedienst einsetzen konnte, da hatten wir auch wieder genug Boote.

Woher kamen die denn?

Die wurden auf dem Festland gebaut. Bei Schwartz in Haseldorf oder bei Hattecke und Dodecke an der Elbe.

So ein Börteboot kostete um die 40 000 DM. Also hohe Investitionen, die die Helgoländer ohne große Einnahmen bewerkstelligen mußten.

Ja klar, da mußte eben vieles mit Krediten überbrückt werden. Aber da war ein noch viel größeres Problem, das wir ansprechen müssen. Wir hatten – jetzt mußt du die Zahl nicht ganz genau nehmen – etliche Dutzend Kaufleute. Wir konnten aber im ersten Jahr keine 70 Existenzen aufbauen. Verständlich, daß unsere Leute drängelten, sie wollten ja wieder selbständig werden. Das waren Probleme, die man sich aus heutiger Sicht einfach nicht mehr vorstellen kann. Das haben wir dann mit einer Art kommunistischem System gelöst, aber das durfte natürlich nicht zu lange dauern.

Rechts:
Der zollfreie Einkauf lockte wieder Tagesgäste nach Helgoland, 1956.

Zollfreie Warenmengen zum Mitnehmen!

Im Interesse unserer Badegäste haben wir eine Liste der Warenmengen zusammengestellt, die zollfrei unter bestimmten Voraussetzungen von der Insel Helgoland ausgeführt werden dürfen. Bitte, beachten Sie aber, daß Helgoland als **Zollausschlußgebiet** gilt und daß deshalb die geltenden Bestimmungen unbedingt eingehalten werden müssen.

Sie können mitnehmen:

Trinkbranntweine = 1 Reiseflasche mit einem Inhalt von 0,375 Ltr. für jeden erwachsenen Reisegast.

Schokoladen, Zuckerwaren und feine Backwaren = **wahlweise,** je 250 g für jeden Reisenden, also auch für Kinder.

Tabakwaren = entweder 10 Zigarren oder 25 Zigaretten, 3 Rollen Kautabak, 50 g Feinschnitt, 50 g Pfeifentabak, 50 g Schnupftabak, 1 Päckchen Zigarettenpapier.

Kaffee und Tee dürfen nicht zollfrei mitgenommen, sondern müssen verzollt werden.

Bitte, beachten Sie noch folgende Hinweise:

Alle hier angegebenen Mengen sind **Höchstmengen.** Bei der Beurteilung durch die Zollbeamten wird nach dem Grundsatz verfahren, daß die mitgenommenen Waren dem Bedarf während der Reise entsprechen! Was darüber ist, muß verzollt werden! Außerdem müssen alle Waren unverpackt oder mindestens angebrochen sein.

***Einen guten Rat* wollen wir nicht versagen:**

Wenn Sie einmal wirklich nicht wissen sollten, was Sie „dürfen" und was nicht — fragen Sie den nächsten erreichbaren Zollbeamten. Sie ersparen sich und anderen Ärger und erhalten sich die ungetrübte Freude, die Ihnen der Aufenthalt auf der Insel und der Düne geschenkt hat.

Wir haben eben die Finanzierung angesprochen. Das waren ja Millionensummen, die von den Helgoländern allein gar nicht aufgebracht werden konnten?

Dazu könnte ich natürlich lange Geschichten erzählen, aber so weit will ich gar nicht gehen. Die Häuser wurden über den sozialen Wohnungsbau finanziert. Das heißt, daß jeder hier sein Haus so finanzieren konnte, wie es auch auf dem Festland im Zuge des sozialen Wohnungsbaus möglich war. Durch die Inselverteuerung war das natürlich etwas schwieriger. Vom Bund sind die Strukturmaßnahmen, wie der Hafen, das Wegesystem und die Trümmerräumung bezahlt worden. Alles andere wurde im wesentlichen finanziert wie überall woanders auch.

Auch der Flugplatz? Mit dem Seebäderdienst kam ja auch der Seebäderflug, und Helgoland bekam auf der Düne einen eigenen kleinen Flugplatz mit zwei Runways. Ist diese Entwicklung von dir vorangetrieben worden, um nicht allein vom Schiff abhängig zu sein?

Nein, daran habe ich gar nicht gedacht. Aber es ist eben ein Handicap, wenn man so weit draußen im Meer liegt, und für manche Leute ist jede Stunde teuer. Wir waren damals die erste Insel, die einen Flugplatz vorweisen konnte, und hatten damit 40 000 Fluggäste im Jahr. Das war keinesfalls gegen die Reeder gerichtet, aber wir mußten mit der Zeit gehen, wollten fortschrittlich sein. Das ist auch heute noch vorrangig! Wir dürfen kein Mittelmaß sein, wir müssen immer darauf achten, daß wir die Insel, wo immer das möglich ist, attraktiver machen.

Helgoland war damals, als es mit den Reisen wieder losging, sehr gut besucht und hat sich auch zu einem Allergikerzentrum entwickelt. Sind deine Erwartungen, was den Fremdenverkehr angeht, in Erfüllung gegangen?

In der ersten Zeit ja, denn die Zahlen sind gut gewesen, besser als sie es später je waren. Helgoland war interessant, und die Helgoländer galten als Leute, die vor der Zukunft keine Angst hatten. Das kannst du wahrscheinlich besser beurteilen als ich, aber ich sehe das so. Dadurch blieben wir eine ganze Weile im Gespräch, Helgoland war eben »in«. Aber das muß man auch weiterführen, das Leben geht weiter, und man muß sich immer wieder aufs Neue bewähren. Besonders in einer so exponierten Lage muß man darauf achten, daß man im Gespräch bleibt, und das im positiven Sinne.

Nun wird ja häufig argumentiert, Helgoland sei allein wegen der Zollfreiheit interessant. Da gab es einmal eine ganz interessante Episode, als wegen der wachsenden EG diese Zollfreiheit in Frage stand. Da bist du nach Brüssel gereist und hast das wieder umdrehen können?

Also, ich bin nicht nach Brüssel gefahren. Obwohl ich schon dazu beigetragen habe, das umzudrehen. Ich bin nach Kiel gereist, nach Hamburg und nach Bonn, aber wer das durchgesetzt hat, das, so meine ich, war der damalige Finanzminister Strauß. Der hat die Frage nach Brüssel getragen und hat wohl auch veranlaßt, daß der italienische Fürst Colonna, der damals der zuständigen Kommission vorsaß, hierher nach Helgoland kam, um an Ort und Stelle diese Frage zu erörtern.

Ich kann mich gut daran erinnern, daß Fürst Colonna auch in Hamburg war und der Senat ihn zu einer Hafenrundfahrt eingeladen hat. Dabei erläuterte er uns Journalisten das Zollproblem auf Helgoland, und wir hatten den Eindruck, daß er ernsthaft nach einer Lösung suchte. Also mußt du ihn überzeugt haben.

Das weiß ich nicht, aber es mag sein.

Aufbruch in ein neues Jahrtausend

Rechts oben:
Der Fischfang wird nie wieder die Bedeutung früherer Jahrzehnte für Helgoland haben.
Foto: F. Schensky, zeitgen. Postkarte.

Rechts unten:
Trocknende Dorsche.
Zeitgen. Postkarte.

Wenn wir jetzt den Wiederaufbau mitsamt dem Seebäderdienst abschließen, dann wollen wir uns mal auf das Helgoland um die Jahrtausendwende konzentrieren. Steht jetzt ein neuer Strukturwandel bevor? Muß man auf Helgoland andere Strukturen schaffen, um sich den geänderten Anforderungen des Fremdenverkehrs anzupassen, oder kann alles so weiterlaufen wie bisher?

Die Welt dreht sich weiter, die Entwicklung geht weiter auf allen Gebieten, und wir müssen mitgehen. Wir haben die Segelschiffzeiten, die Dampfer und jetzt die modernen Katamarane erlebt, und so wird es auch in der technischen Entwicklung der Seefahrt immer weitergehen, da müssen wir fortschrittlich denken.

Wenn wir die Insel attraktiv machen, durch ein Museum oder was auch immer, dann machen wir sie auch attraktiver für den Tagesgast. Es gibt ja auch mal Tage, an denen es regnet, und da will der Tagesgast hier nicht naß durch die Gegend laufen, da möchte er vielleicht etwas sehen, etwas erleben oder an vergangene Zeiten erinnert werden.

Also hat der Tagesgast zwar noch immer Priorität, aber nicht mehr absolute Priorität? Muß sich Helgoland in eine Richtung verändern, die den Dauergästen mehr bietet?

Für mich ist Tagesgast und Dauergast gar kein Widerspruch, um das mal klarzustellen. Um bestehen zu können, müssen wir die Attraktivität der Insel erhöhen. Daran müssen wir arbeiten. Tagesgäste wollen einkaufen, und sie frequentieren die gastronomischen Einrichtungen, Dauergäste auch. Also ist der Tagesgast vielleicht der Dauergast der Zukunft? Ich muß den Aufenthalt auf Helgoland so interessant gestalten, daß der Tagesgast den Wunsch verspürt, die Insel länger und intensiver erleben zu können.

Da muß sich aber auch an der inneren Einstellung einiger Helgoländer etwas ändern, die vielleicht die Zeichen dieser Entwicklung noch nicht so richtig begriffen haben?

Das wird so sein! Aber wir wollen mal zurückdenken. Du sprachst vorhin von der Zeit um 1850. Damals hatten wir noch keine Tagesgäste, es gab noch keine Reederei, die an einem Tag nach Helgoland und zurück fuhr. Trotzdem war Helgoland ein Weltbad. Daß wir damals englisch waren, spielte sicher auch eine Rolle. Aber lassen wir das einmal alles beiseite, die Insel ist doch, früher wie heute, präsent. Das Klima und die Luft haben sich ja nicht verändert. Auch nicht die Ruhe und eine gewisse Beschaulichkeit, die den Alltag des Festlandes in weite Ferne rückt. Man muß doch nicht immer der Hektik nachlaufen, wie sie Großstädte haben, mit Verkehr, Ampeln und dem ständigen Streß. Man muß, wenn man etwas für sich selbst tun will, auch mal andere Prioritäten setzen, die Ruhe suchen und die Seele baumeln lassen!

Helgoländer Fischer.
Foto: F. Schensky.

Andererseits will man auf nichts verzichten, will alle Annehmlichkeiten, die man gewohnt ist, vorfinden. Der Gast will schwimmen gehen, und er will auch, gerade in seiner kostbaren Freizeit, in gastronomischen Angeboten schwelgen. Alles das müssen wir ihm bieten können!

Wenn du den – sogenannten – Fortschritt und die Hektik des Festlandes auf der Insel nicht haben willst, dann heißt das aber nicht, daß Nostalgie angesagt ist. Es gibt jetzt Katamarane, die Helgoland schneller mit dem Festland verbinden, auch mehrmals am Tage. Die stoßen aber, und auch das kommt nicht ganz überraschend, auf viel Skepsis, wenn nicht gar Widerstand?

Wir müssen wohl für eine Übergangszeit von mehreren Jahren die neue Technik erproben, ohne die alte über Bord zu werfen. Aber wir müssen mit der Zeit gehen, und eines Tages wird die Entwicklung der schnellen Schiffe so weit gediehen sein, daß man damit bei

Das beheizte Meerwasser-Freibad im winterlichen Betrieb.
Foto: Hans-Otto Cohrs.

fast jedem Wetter nach Helgoland fahren kann. Mir liegt sehr viel daran, daß man von Helgoland als einer fortschrittlichen und aufgeschlossenen Insel spricht und nicht immer vom Fuselfelsen. Den gibt es ja gar nicht, denn hier verkaufen wir keinen Fusel. Zwar Schnaps, auch preiswert, weil Transitware, aber gute Qualitäten und keinen Fusel. Ich bin schon sehr froh, daß sich diese Erkenntnis langsam durchsetzt.

Natürlich wissen wir, daß man heute nicht mehr drei Wochen Urlaub am Stück macht, sondern nur einige Tage. Aber auch das kann sich wieder ändern. Auf jeden Fall wird in der Zukunft eine schnelle und häufige Verbindung zwischen Festland und Insel von entscheidender Bedeutung sein.

Wenn du jetzt mal versuchst, dich gedanklich fünf oder zehn Jahre in die Zukunft zu bewegen, wie könnte oder müßte das ideale Seebad Helgoland dann aussehen?

Der Gast ist König, also müssen wir alle Einrichtungen anbieten, die ein anspruchsvoller Gast erwartet – auf allen Gebieten: in der Gastronomie, in den Kureinrichtungen und in der Betreuung. Ich bin zwar kein Kinogänger, aber wir müssen so etwas anbieten. Auch die Nordseehalle muß wieder als Mehrzweckhalle aktiviert werden, mit einem breiten Spektrum von Veranstaltungen, von Tanz, Folklore bis Show. Einen Mittelpunkt wie das Kurhaus müssen wir – wie früher – wieder beleben.

Ich muß aber noch einmal betonen, daß der Gast schnell nach Helgoland kommen will. Wer nur fünf Tage Zeit hat, will davon nicht auch noch zwei Reisetage verschenken. Hier muß man sich vordringlich anpassen, auch wenn das nicht von heute auf morgen möglich sein wird.

Ich würde vielleicht mehr auf Flugzeuge setzen. Wir können aber nicht, wie in Hongkong, einen größeren Flughafen ins Wasser bauen. Hubschrauber wären eine Alternative, aber leider sind die Kosten noch zu hoch. Sollten hier durch technische Innovationen die Kosten zu senken sein, müssen wir diese Möglichkeit unbedingt ins Auge fassen.

Bleiben wir mal bei der Zukunft der christlichen Seefahrt. Wenn es denn schnelle Katamarane ohne ähnliche Konstruktionen werden sollten, wird es dann in dieser Zukunft die Börte in der jetzigen Form noch geben, oder wie wird sich das entwickeln?

Ich glaube schon, daß die Börteboote eine Zukunft haben. Es sei denn, die Börte entwickelt sich von selbst rückwärts. Es sind ja jetzt schon nicht mehr alles Helgoländer, die hier eingesetzt werden. Das sind ja zum Teil Leute, die vom Festland herüber kommen. Wir müssen aber dafür sorgen, daß die Bewohner Helgolands hier ihr

Auskommen finden, und da können wir aus der Vergangenheit lernen, daß Dienstleistung auf Helgoland Tradition hat. Früher packten die Helgoländer Frauen mit an, wenn im Kurhaus Bedienungskräfte fehlten. Da müssen wir wieder anknüpfen, Gemeinsinn entwickeln und die Seele spüren, die von der Helgoländer Geschichte ausgeht. Wir Helgoländer haben das ja schon einige Male beweisen müssen. Vor Jahrhunderten, als der Hering wegblieb, im vergangenen Jahrhundert nach der Kontinentalsperre und in jüngster Vergangenheit nach dem BIG BANG!

Du hast den Hering angesprochen. Früher lebte Helgoland zu

Seebäderschiffe auf Reede vor Helgoland. Im Vordergrund: »Wappen von Hamburg«, »Roland von Bremen« und »Wilhelmshaven«.
Foto: Schöning & Co + Gebr. Schmidt, 1969.

einem guten Teil von der Fischerei. Das ist heute nicht mehr so, die Fischer sind fast ausgestorben. Ließe sich die Fischerei nicht wiederbeleben, um den Einheimischen eine weitere Existenzmöglichkeit zu eröffnen?

Ja vielleicht, so weit sich das beeinflussen läßt. Die Helgoländer können aber nicht den Fischbestand in der Deutschen Bucht bestimmen, auch nicht den Hummerbestand. Die Börte ist in meiner Kindheit, also in den zwanziger Jahren, noch ein Nebenjob gewesen. Vornehmlich wurde Hummerfang betrieben. Das kann ja mal wiederkommen, wir wissen es heute nicht, weil wir die Natur nicht im Griff haben.

Viele tüchtige Helgoländer sind weggegangen, beispielsweise nach der Kontinentalsperre. Daran ist nichts zu ändern. Meine Tochter wohnt mit ihrer Familie jetzt in Mailand. Da kann ich doch nicht sagen, wenn sie ihr Abitur macht und studieren will – wie sie es mit Erfolg getan hat –: Kind, du mußt hierbleiben. Das wäre doch Stillstand. Aber wir müssen eine Substanz hier auf der Insel erhalten, denn ohne personelle Substanz werden wir nicht wettbewerbsfähig sein.

Ist denn auf Helgoland genügend innere Kraft und Bereitschaft vorhanden, diese Substanz hier zu halten und sich den Anforderungen des nächsten Jahrtausends zu stellen?

Diese Frage läßt sich natürlich nicht eindeutig beantworten. Aber es wäre mein größter Wunsch, und daran müssen wir alle arbeiten. Die Helgoländer ebenso wie auch die Menschen auf dem Festland. Letztere müssen erkennen, daß Helgoland eine außergewöhnliche Geschichte hat und, wie nach dem Kriege, mit Helgoland solidarisch sein. Wie beispielsweise Kopf, Brauer, Schinkel, v. Löwenstein, Leudesdorff, von Hatzfeld und Lüth.

Man muß dafür sorgen, daß man Veranstaltungen nach Helgoland bringt. Man darf auch nicht die Biologische Anstalt von Hel-

Schneller nach Helgoland: mit dem modernen Katamaran.
Foto: Lieselotte Tadday.

goland abziehen wollen. Es muß nicht die Landesväterkonferenz nach Helgoland kommen, aber Tagungen müssen hierher. Die Ostseeanrainerstaaten hatten beispielsweise kürzlich auf Visby eine Tagung der Präsidenten. Helgoland mit seiner Bindung an England, an Norwegen, an Dänemark und vor allem an Deutschland muß nicht unbedingt die Weltspitze hier haben, aber eine Etage darunter findet ja auch vieles statt, was man auf unsere Insel holen könnte. Man kann, wiederum nur als Beispiel, eine Nordsee- oder Wattenmeerkonferenz auch mal auf Helgoland durchführen.

Das ist ein Appell. Nicht nur der Helgoländer, auch der Festlandsdeutsche muß sich ganz eindeutig zu seiner einzigen deutschen Hochseeinsel bekennen?

Was der muß, das kann ich nicht bestimmen, ich kann es mir nur wünschen. Aber wir müssen weiter in die Zukunft denken, und wir müssen auch Visionen haben. In den fünfziger Jahren haben der Touristchef von Esbjerg, Eigil Rasmussen, und ich mal eine Verbindung von Esbjerg über Helgoland nach Hamburg angedacht. Mit unseren langsamen Schiffen war das wegen zu langer Fahrtzeiten nicht möglich. Mit einer Weiterentwicklung der Katamarane dürfen wir uns das aber für die Zukunft durchaus vorstellen: Gäste aus Dänemark direkt nach Helgoland, oder von Südwesten aus dem westfriesischen Raum in wenigen Stunden direkt nach Helgoland. Eine Anbindung über See könnte selbst für den Köln/Bonn/Düsseldorfer Raum eine interessante Alternative zur Schiene oder zu den überfüllten Straßen sein.

Wenn wir in einem vereinigten Europa eine Zukunft sehen, dürfen wir die europäische Insel Helgoland nicht draußen vor lassen!

Helgoland könnte in der südlichen Nordsee so etwas wie ein Katalysator für biologische und ornithologische Interessen sein. Nicht zuletzt auch eine – schnell erreichbare – Attraktion für den Tourismusschwerpunkt Hamburg. Ich meine auch, daß neue Anstrengungen in Richtung Allergikerzentrum durchaus der Mühe wert sind.

Mit neuer Schiffbautechnik ließe sich Trennendes überwinden – vor allem mit dem Blick auf den Standort Europa.

Helgoland als Testfall für Europa? Wäre das eine Perspektive?

Natürlich, Helgoland bietet dafür ideale Voraussetzungen. Die Insel ist ein gutes Beispiel für die Versöhnung der europäischen Nationen. Am Beispiel Helgoland wurde bewiesen, wie man den Friedensgedanken und die Verständigung über ideologische und nationale Grenzen hinweg umsetzen kann. Also: »Helgoland – Sinnbild für Europa!«

Es gibt einen Helgoländer Sinnspruch, der mir ein wenig in Vergessenheit zu geraten scheint: »Rüm Hart – Kloor Kimmen.«

Aber er gilt noch heute. Ein weites Herz und klare Horizonte, also ein eindeutiger, fester Standpunkt ist für uns Helgoländer auch für die Zukunft unverzichtbar. Und wenn ich vorher gesagt habe, daß uns nach dem Kriege unsere Tradition, unsere Geschichte, unsere Bezugspunkte abhanden gekommen waren, dann müssen wir uns heute um so mehr auf unsere Traditionen und unsere Geschichte besinnen. Sie sind Teil unserer Identität, und das müssen wir auch unseren Gästen vermitteln. Für unsere Jugend und für unsere Gäste müssen wir Geschichte greifbar darstellen, und deswegen ist der Ausbau eine Helgoland-Museums – das ja in Anfängen bereits existiert – unverzichtbar. Ebenso die »Lange Anna«, für deren Erhalt ja nun – Gott sei Dank – eine Stiftung ins Leben gerufen worden ist. Die »Lange Anna« ist aber nicht nur ein Helgoländer Wahrzeichen, sie ist auch ein nationales Monument.

Wenn ich deine letzten Äußerungen nehme, wie Versöhnung der europäischen Nationen, Sinnbild für Europa, der Friedensgedanke, Identität, da wird globales Denken sichtbar, und das steht doch alles im krassen Gegensatz zu dem oft gehörten Vorwurf,

Sie gilt es als Wahrzeichen zu erhalten: die »Lange Anna«.

Das neue Helgoland mit dem 1999 eröffneten Hotel »Atoll«.
Foto: Lieselotte Tadday.

auch Helgoland wäre nicht frei von geistiger und körperlicher Inzucht?

Das ist ein weitverbreitetes Vorurteil, das aber allen Insulanern nachgesagt wird. Für Helgoland trifft es absolut nicht zu. Hierher kamen zu allen Zeiten genügend Fremde, um diesen Vorwurf zu entkräften. Erst waren es die Seefahrer, dann die Dänen, dann die Engländer, die Hamburger, die Händler, die Soldaten, viele Millionen Gäste und die zweimalige Evakuierung der gesamten Helgoländer nach beiden Weltkriegen. Da gab es genügend Austauschmöglichkeiten sowohl in körperlicher als auch in geistiger Hinsicht. Gerade deswegen gilt ja der Spruch »Rüm Hart – Kloor Kimmen«. Der Helgoländer ist weltoffen und bei aller insularen Schrulligkeit – die ja auch ein Teil seiner Identität ist – durchaus an den Dingen interessiert, die hinter seinem sichtbaren Horizont passieren. Daß dazu auch ein gesunder Erwerbssinn gehört, wollen wir nicht verschweigen – aber von irgend etwas soll der Schornstein ja auch rauchen.

Schauen die Helgoländer nicht manchmal etwas neidvoll auf Sylt, die Insel der »Reichen und Schönen«, weil dort heute das Zentrum des norddeutschen Bädertourismus liegt?

Neidvoll nur in bezug auf das Prädikat »Hausinsel der Hamburger«. In dieser Rolle würden wir eigentlich mehr Helgoland sehen, wegen seiner starken Bindung an die Elbe und die Hansestadt. Auch wenn wir ein Teil Schleswig-Holsteins sind, ist doch die Kohäsion mit Hamburg sehr ausgeprägt. Allein schon wegen der Verkehrsanbindung. Denken wir nur an den traditionellen Schiffsverkehr mit der HAPAG, an die ersten Fahrten mit der HADAG und den Versorgungsschiffsdienst von Altona nach Helgoland, der für den Wiederaufbau von entscheidender Bedeutung war. Dann der Jahrzehnte währende Seebäderverkehr mit »Alte Liebe« und »Wappen von Hamburg«, auch der HADAG-Flugdienst nach und von Hamburg sowie jetzt die Katamarane und die Kooperation mit der Tourismuszentrale Hamburg, die Helgoland von Hamburg aus touristisch vermarktet.

Sollte Helgoland nicht doch ein bißchen mehr auf das Sylter Angebot schielen, um vielleicht einige Gäste »umzudrehen«?

Gut, einen FKK-Strand haben wir auf der Düne auch zu bieten, aber ansonsten kann Helgoland Sylt nicht kopieren. Unser Freizeitangebot hat andere Schwerpunkte.

Wir haben keinen Golfplatz zu bieten, bei uns kann man weder reiten noch radfahren, aber wer die Natur zu schätzen weiß und abends nicht unbedingt in einer »In-Kneipe« gesehen werden muß, wer seine Beine noch zum Bewegen einsetzt, der findet bei uns eine Fülle von Möglichkeiten. Vielleicht ist man auf Helgoland der Zeit schon ein wenig voraus, weil Zeit hier ein Wert an sich ist und die Langsamkeit für manchen eine aufregende Entdeckung werden kann.

Wie sieht es generell mit Sportmöglichkeiten aus?

Wir haben ja Sportstätten, man muß sie nur nutzen wollen. Wassersportmöglichkeiten gibt es reichlich, und so wie es neuerdings den Helgoland-Marathon gibt, könnte ich mir neben der Nordseewoche der Hochseesegler zu Pfingsten auch eine Surf-Meisterschaft oder Beachvolleyball vorstellen. Das wäre auch medienwirksam.

Der Bund hat, was den Wiederaufbau angeht, viel Engagement für die Insel bewiesen. Da scheint mir derzeit aber einiges im argen zu liegen?

Unsere Insel ist das einzige deutsche Eiland, das rundum von deutschen Hoheitsgrenzen umgeben ist. Der Bund ist der größte Grundeigentümer auf Helgoland, und die Insel ist ein deutscher Schutzhafen. Die Bundesrepublik Deutschland ist daher in der Verantwortung sowohl für die Insel als auch für ihre Mitarbeiter beim Zoll, beim Wasser- und Schiffahrtsamt, bei Post und Telekom und bei der Marine. Noch immer heißt es »Meeresbiologische Anstalt Helgoland«, aber wesentliche Teile sind heute in Bremerhaven, Hamburg, Schleswig-Holstein und Wilhelmshaven angesiedelt. Auch die Vogelwarte Helgoland, früher ein Teil der Meeresbiologischen Anstalt, heißt immer noch so, obwohl sie nun ihren Schwerpunkt in Wilhelmshaven hat. Da liegt eben der Unterschied: 1890 machte der Kaiser Helgoland zur Chefsache, nach dem Kriege der Bundeskanzler. Jetzt aber scheint Helgoland für die Regierenden keinen Stellenwert mehr zu haben, und das schmerzt.

Und die Helgoländer selbst, stehen die immer treu zu ihrer Insel?

Ich brachte ja schon das Beispiel mit meiner Tochter. Wer etwas werden will, muß die Insel – zumindest zeitweilig – verlassen. Wir können und dürfen die geistige Substanz nicht egoistisch an Helgoland binden wollen, dazu ist die Insel zu klein. Aber man darf wohl von allen Festlandshelgoländern erwarten, daß sie immer zu ihrer Heimat stehen und als große Familie, quasi als Botschafter Helgolands, die Botschaft der Insel in die Ballungszentren tragen. Was wir – unter viel schwierigeren Bedingungen nach dem Kriege – mit dem Club »Hallunner Moats« auf dem Festland erreicht haben, sollte doch heute auch noch möglich sein.

Seefahrt hat zu allen Zeiten Verbindungen geschaffen und globales Denken ermöglicht. Da muß doch die gemeinsame Geschichte als Klammer eine Motivation sein, auch auf dem Festland für die Belange Helgolands einzutreten und ohne Überheblichkeit zu verkünden, daß auf Helgoland zwar nicht alles, aber vieles anders ist!

Anhang

Auf Helgoland ist alles anders, weil …

… schon Tacitus über Helgoland sagte: »Es gibt viele Inseln, aber keine ist so merkwürdig wie diese!«

… die Insel bis 1890 im staatsrechtlichen Sinne nie zu Deutschland gehört hat. Dennoch war um 1500 ein mit Hamburgern besetztes Vogteigericht für Handelsstreitigkeiten auf Helgoland tätig. Hamburg, Bremen und Stade machten – wenn auch ohne Erfolg – gegenüber dem Schleswig-Gottorper Herzog Ansprüche geltend mit dem Argument, die Insel, in der offenen See gelegen, »sollte frey sein gleich als das Meer«.

… die Helgoländer sich bei jedem Thronwechsel mit der Summe von 100 Reichstalern »in einem seidenen durchnehten Beutel, wie bei ihnen die Braut ihrem Bräutigam verehret« ihre Privilegien neu erkaufen mußten – natürlich verbunden mit der Ableistung des jeweiligen Erbhuldigungseides.

… die englische Periode als ein Interregnum gilt, unter dem die Helgoländer nicht gelitten, sondern vielmehr davon profitiert haben. Die Insel erlebte unter britischer Herrschaft einen wirtschaftlichen Aufschwung, erhielt einen modernen Leuchtturm, und selbst dem Pastor ging es gut: Als er zum Ausgleich für Verluste wegen unpünktlicher Zahlung von Kirchenabgaben um eine Zulage von 100 Reichstalern bat, erhielt er vom Kolonialamt 100 Pfund Sterling. Das war damals das Fünffache des Erbetenen.

… die Insel nicht, wie es üblicherweise heißt, gegen Sansibar, sondern gegen die deutsche Kolonie Wituland im heutigen Kenia und Somalia im Tausch erworben wurde. Sansibar war niemals deutsche Kolonie. Im gleichen Vertrag erwarb das Deutsche Reich eine Ankaufsoption zu Lasten Sansibars für einen Küstenstreifen von Deutsch-Ostafrika und in Südwest-Afrika den sogenannten Caprivi-Zipfel. Weil das Reich in diesem Vertrag die vorgesehene Schutzherrschaft Großbritanniens über Sansibar anerkannt hatte, ist der Erwerb Helgolands dann als Tausch gegen Sansibar in die Geschichte eingegangen.

... auf der Insel das sog. »Burlottsystem« galt. Burlott war ein Anteil am Helgoländer Grund und Boden, der die Zugehörigkeit zur Gemeinde und damit Rechte an der Verwaltung, Fischerei sowie dem Lots- und Bergungswesen sicherte. Dieses Recht war nur beschränkt vom leiblichen Vater zum Sohn oder auf die Tochter vererblich und auch nur dann, wenn der/die Erbe/Erbin im Vaterhaus wohnen blieb. Danach wurde dann bis Ende 1929 das Gemeindewahlrecht abhängig gemacht von fünfjährigem Wohnsitz auf der Insel, ähnlich wie früher in Hamburg ja auch nur »erbgesessene Bürger« wahlberechtigt waren. Erst 1930 fand auf Helgoland die erste privilegienfreie Gemeindewahl statt.

... die Gemeinde Helgoland seit 1892 vom Ausschluß aus dem deutschen Zollgebiet profitiert, zur Erfüllung ihrer Aufgaben aber eine zollähnliche »Gemeindeeinfuhrsteuer« erheben darf. 1927 vom Reichsfinanzhof gestrichen, wurde dieses Privileg 1934 wieder eingeführt. Bis heute haben Helgoland-Besucher den Vorteil, Spirituosen, Wein, Bier, Tabakwaren, Kaffee, Tee sowie Parfümeriewaren erheblich billiger als auf dem Festland einkaufen zu können. Von der Abschaffung der Duty-Free-Regelung im Rahmen der Europäischen Gemeinschaft ist Helgoland nicht betroffen.

... die Helgoländer unter sich eine eigene Sprache sprechen. Noch streiten sich die Gelehrten, ob helgoländisch ein friesischer Dialekt oder eine eigene friesische Sprache ist. Jedenfalls kennen die Helgoländer in ihrer Sprache keinen Namen für ihre Insel. Sie nennen sie schlicht »deät Lunn«, also »das Land«. Es gibt in der Helgoländer Sprache auch kein »Sie«, man spricht sich ausschließlich mit »Du« an.

... man sich auf Helgoland nicht die Hand gibt, wie auf dem Festland üblich. Einmal, zu Beginn eines neuen Jahres, beim »Wenskenk«, dem Neujahrswünschen, macht der Helgoländer eine Ausnahme. Daraus hat sich die Sitte abgeleitet, daß ein Handschlag, wenn man sich das erste Mal im neuen Jahr begegnet, kein Verstoß gegen die Regel ist. Dagegen begrüßt man sich bei Begegnungen immer mit Handzeichen, wie es Seeleute tun, wenn sie sich auf dem Wasser begegnen.

... wegen der räumlichen Begrenzung das Befahren der Straßen (die es eigentlich nicht gibt, es sind alles befestigte Fußwege) mit Kraftfahrzeugen mit Verbrennungsmotor oder Fahrrädern verboten ist. Deshalb sieht man auf der Insel überwiegend Elektrofahrzeuge. Ausnahmen sind Feuerwehrwagen, Krankenwagen und Baufahrzeuge. Kinder dürfen, damit sie es erlernen können, im Winterhalbjahr Fahrrad fahren.

... ebenfalls wegen der räumlichen Begrenzung nach § 44 Bundesjagdgesetz für die Ausübung der Jagd auf Insel und Düne eine besondere Regelung gilt. Dennoch gibt es auf Helgoland eine aktive Jägergruppe, die einen lebhaften Kontakt zu Jägern auf dem Festland pflegt.

... Helgoland sich in allem selbst zu versorgen hat. 2 500 Einwohner müssen Ver- und Entsorgung, Schule, Krankenhaus, Hafen und Flugplatz in Betrieb halten, in der Saison für das vier- bis fünffache ihrer eigenen Einwohnerzahl. Jede Baumaßnahme auf der Insel erfordert im Vergleich zum Festland etwa fünfzig Prozent mehr Finanzaufwand.

Literatur- und Quellenverzeichnis

Krüss, James: *Historie von der schönen Insel Helgoland.* Frankfurt, 1988.

Lindemann, Dr. E.: *Das deutsche Helgoland.* Berlin-Charlottenburg, 1913.

Oetker, Friedrich: *Helgoland.* Berlin, 1855.

Rickmers, Henry P. (Hg.): *Helgoland. Naturdenkmal der Nordsee – Deutsche Schicksalsinsel.* Hamburg, 1980.

Rickmers, Henry P. und Wosnam, Frank: *Helgoland – eine Insel auf dem Weg nach Europa.* Otterndorf, 1992

Archiv H. P. Rickmers/Schensky, Helgoland

Archiv Christian Müller, Hamburg

Bildnachweis

Altonaer Museum, Hamburg: S. 11, 34

Jochen Blume: S. 71

Deutsches Schiffahrtsmuseum, Bremerhaven: S. 15, 17, 19, 35, 41, 43, 45, 46, 47, 48/49, 50 unten, 52, 53, 57 oben, 87, 92, 109

Kurverwaltung Helgoland: S. 28/29, 117

Museum für Kunst und Gewerbe, Hamburg: S. 22, 28 oben, 36, 60/61

Archiv H. P. Rickmers: S. 6/7, 8, 10, 13, 16, 20, 21, 25, 26, 31, 37, 39, 40, 42, 44, 50 oben, 51, 54, 57 unten, 58, 63, 65, 66, 73, 75, 79, 80, 82, 83, 85, 88, 89, 91, 95, 97, 99, 100, 103, 105, 110, 111, 113, 121

Lieselotte Tadday: S. 27, 30 unten, 32, 115, 118/119

RUDOLF« 1952 BIS 1956

MS »ALTLANTIS« 1956 BIS 1970

MS »SEUTE DERN« 1970 BIS 2000

MS »ATLANTIS« AB 2000

Deutschlands einzige Hochseeinsel
hat mehr zu bieten als Sie erwarten:
Natur, Ruhe, Erholung und Gesundheit, aber auch
Einkaufsvergnügen und Urlaubserlebnis pur.
Schauen Sie doch mal 'rein, und schnuppern Sie Seeluft -
bei uns auf dem roten Felsen, in unserem Urlaubs-
magazin oder auf unserer Website: www.Helgoland.de
Träumen, Erleben und Genießen
HELGOLAND
- meine Insel.
Informationen und Buchungen:
Helgoland Touristic GmbH
Lung Wai 28, 27498 Helgoland
Tel.: 04725/81 37 11 – 13
Fax: 04725/81 37 25